教育部人文社会科学研究青年基金项目“主体间性教育视域下的高校学生评教体系研究”（10YJC880062）的成果
辽宁省教育科学“十一五”规划项目“大学教师业绩评价的知识效能模式及其应用研究”（JG10DA018）的成果

大连理工大学科技伦理与科技管理研究中心

科技伦理与科技管理文库

知识效能与评价：

制度分析视角下的大学教师绩效研究

李　冲／著

科学出版社

北京

图书在版编目(CIP)数据

知识效能与评价：制度分析视角下的大学教师绩效研究/李冲著．—北京：科学出版社 2015.10

（科技伦理与科技管理文库）

ISBN 978-7-03-045727-1

Ⅰ.①知… Ⅱ.①李… Ⅲ.①高等学校－教师评价－研究 Ⅳ.①G645.11

中国版本图书馆 CIP 数据核字（2015）第 219354 号

丛书策划：侯俊琳　牛　玲

责任编辑：朱萍萍　张翠霞 / 责任校对：韩　杨

责任印制：李　彤/ 封面设计：黄华斌

编辑部电话：010-64035853

E-mail：houjunlin@mail. sciencep. com

科学出版社 出版

北京东黄城根北街 16 号

邮政编码：100717

http://www.sciencep.com

北京厚诚则铭印刷科技有限公司 印刷

科学出版社发行　各地新华书店经销

*

2015 年 10 月第　一　版　开本：720×1000 B5

2022 年 4 月第四次印刷　印张：11 1/2

字数：210 000

定价：78.00 元

（如有印装质量问题，我社负责调换）

丛书编委会

总序

进入 21 世纪以来，伴随着经济全球化的加速和知识经济时代的到来，科学研究与社会经济的联系比其他任何时候都更加紧密，日益呈现出职业化、社会化的发展趋势，科学研究的意义已显得不再像以前那样纯粹。在市场经济环境下，不少科学技术专家受到各种各样的利益诱惑，科学研究追求创造的理念大打折扣。人们在思考当科学技术为人类创造巨大的物质财富和精神财富的同时，科学研究的新成果与新理念对人类社会长期形成的社会伦理与道德底线提出了严峻挑战。科学道德诚信问题成为科学家和社会越来越关注的问题。面对这样的形势，科学共同体应当清醒地认识和分析在经济社会发展对科学技术的依存度如此之大的背景下，科学技术何去，社会经济何从，以及经济社会对科学道德诸多方面的深刻影响[①]。其核心问题是，科学技术进步应服务于全人类，服务于世界和平、发展与进步的崇高事业，而不能危害人类自身。因此，应该加强科学道德建设，强化学术界学术伦理观念，重建学术规范，重申科学伦理底线；大力宣传古今中外科学家的高尚品德和为科学真理而不惜牺牲的精神；在高校开设科学伦理课，通过课程教学真正做到科学伦理从学生抓起，使他们明白遵守科学道德比掌握科学知识更重要。为此，开展科技伦理与科技管理的问题研究与案例分析，对于指导科学伦理道德建设、推动科学技术快速发展具有重要的学术价值和社会价值。

现代科技的发展对现有伦理的挑战，也就是所谓的科技伦理是现代科学技术所引发的伦理问题，它包括网络伦理、核伦理、医学伦理、生命伦理、环境伦理（生态伦理）。哲学是一种反思的活动，伦理同样也是一种反思的活动。它们是对已发生的事情进行反思，也是对未来进行前瞻性的探讨。从科技伦理产生的时代背景，我们清楚地意识到，在科技伦理中包含着人类对科技的反思、对自然的反思、对人类自身的反思等。一味地依赖于科学技术（甚至包括经济、法律或其他）而不考虑伦理和哲学层面的话，新问题仍会层出不穷。伦

① 韩启德．科学共同体的科学道德责任．科技日报，2009-09-08.

理不是阻碍科技的发展，而是越来越融入到科技发展中，成为其中的一个部分。在科技发展中我们要反思自己的生活，反省我们自己该做什么，怎么做，该成为什么样的人。苏格拉底说："未经反省的人生不值得活。"同样，未经反思的科技是不能用来推广、应用和普及的。那么，究竟科技伦理或者说科技伦理学是什么呢？总的来说，也就是围绕人在科学与技术活动过程中科学技术与人、人与人、人对社会、人对自然的行为过程和后果所产生的伦理和道德的学问。总体而言，"科技伦理学主要有四个维度：第一，科技工作者和科技团体内部的道德关系和伦理规范。第二，科技工作者与一般社会、公民、政府等之间的道德关系和伦理规范。第三，科技工作者与非人类的自然环境、生命物种之间的道德关系和伦理规范。第四，科技工作者与作为研究对象的人类个体或群体之间的道德关系和伦理规范"①。正如我国科学技术哲学家刘大椿教授对科技伦理定义所做的概括：科技——"在求真与向善之间"。

科技管理是指通过对管理科学的运用，科技管理主体对科技活动中人力、物力、财力等资源进行分配、决策、组织、控制以取得更大的经济效益的过程。

科技伦理与科技管理不仅相互区别而且相互依存、相互渗透、相互补充、相互制约，两者之间存在着双向互动、辩证统一的关系。科技伦理对科技管理有导向和内化作用，科技管理对科技伦理有强化作用②。基于此，我们从科技伦理与科技管理的内在统一上来开展研究。具体来说，科技伦理基础理论研究主要探求科学伦理、技术伦理、工程伦理、科技伦理教育领域的基本理论问题。科技伦理应用研究主要针对高科技的伦理问题、引发的环境问题和管理问题开展反思和论证，并致力于寻求切实可行的伦理框架，以促进和保障新兴科技的健康和可持续发展。科学技术前沿的伦理治理研究主要围绕辨识和发现的科学技术前沿的伦理问题，从政府、企业、大学、科研机构等组织，以及科学团体、科学家、科技伦理学家、公众等各相关利益主体的不同角度，探索前沿科学技术伦理治理的组织模式与机制、制度模式及实施路径等相关问题。

大连理工大学哲学社会科学创新基地"科技伦理与科技管理研究中心"（以下简称"中心"）自"985 工程"二期作为教育部人文社科研究基地建立伊始，尽管主攻方向和各研究方向依托科技哲学与伦理、科学学与科技管理两个学科博士点，探索科学技术前沿问题，带有学科导向的特点，但在申请、承担和完成国家级和省部级科研项目的过程中，逐渐朝适应国家和人民的重大战略

① 张国清．当代科技革命与马克思主义．杭州：浙江大学出版社，2006.129.

② 戴艳军．科技管理伦理导论．北京：人民出版社，2005.78-80.

需求调整转向。突出表现在以下几方面：一是基于技术科学的强国战略与政策研究，先后承担完成这方面直接相关的校级重大项目、中国科学院学部咨询项目和国家自然科学基金项目。二是关于高科技与工程领域的伦理与治理问题研究，先后在中德科学中心资助下举办了中德双边高科技伦理研讨会，获得国家社科基金面上项目“实践有效性视角下的工程伦理研究”、国家社科基金重大项目“高科技伦理问题研究”。三是基于知识图谱的科学发现-技术创新管理与政策研究，先后主持和承担有关这一领域的国家自然科学基金与国家社科基金项目多项课题。这就为本中心以国家重大需求的问题导向调整主攻方向、设计重建研究方向奠定了扎实的基础。

中心自成立以来，围绕“科技伦理与科技管理”相关领域，加强了学术队伍建设，组建了跨学科、高水平的科研团队；加强了人才培养，造就了我国第一批科学学与科技管理学科的硕士、博士人才，特别是培养出我国第一批科学计量学博士，并在哲学与伦理学形成本科生-硕士生-博士生人才培养系列；加强了学科建设，集成现有博士点和硕士点力量，成功申办了哲学一级学科博士点，科技哲学成为辽宁省重点学科；加强了哲学社会科学基础设施建设，建立了有助于原创性研究的相关数据库、案例库和科学计量实验室；借鉴国外先进学术成果与研究方法，加强了国际学术合作与交流；紧密结合我国科学技术与经济社会发展的需要和振兴东北老工业基地的实际，承担了国家及地区科技伦理与科技管理相关领域重大项目，产出了一批高水平的学术成果。举办了重要的国际学术研讨会。

本着沟通交流、成果共享、共同提高的原则，大连理工大学人文与社会科学学部、“985 工程”教育部哲学社会科学创新基地、大连理工大学科技伦理与科技管理研究中心特推出“科技伦理与科技管理文库”。这套文库是一套跨越科学伦理与科技管理两个研究领域的综合性丛书，具有前沿性、交叉性、哲理性、现实性、综合性的特点，内容主要涵盖科技伦理及其治理问题的综合研究的诸多方面。这套文库是大连理工大学“建设世界一流大学”项目的重要组成部分。我们希望通过这套文库的持续不断的出版和若干年的努力，将中心（研究基地）建设成为在科技伦理和科技管理领域接近或达到国内一流学科水平和国际先进水平的国家级哲学社会科学重点研究基地，使之成为国内外科技伦理和科技管理研究领域的研究中心、信息资源中心和国际学术交流中心。

洪晓楠
2014 年 5 月 18 日

前言

20 世纪 80 年代始，世界高等教育领域兴起了一场轰轰烈烈的“评估运动”。如今，这场运动所掀起的高潮几乎横扫了高等教育机构的所有角落。每一个高等教育领导者、政策制定者和管理者，甚至敏锐的社会公众都已经注意到，一股强势力量正在深刻地改变着高等教育所涉及的方方面面。市场价值、成本收益、战略规划、绩效指标、质量保障、问责和审计等经济、管理领域的专业概念，如今也已经成了高等教育领域中的热门词汇。教育机构的办学水平、大学的综合实力、人才培养的质量、学生的学习效果，似乎都只有经过评估才能获得稳定的合法性。一些学者敏锐地指出，21 世纪是一个评估的世纪。在这场轰轰烈烈的运动之中，大学教师也无法偏安一隅。业绩考核、绩效评价，这些长时期以来专属于学术共同体的内部话题，随着大学排名、专业认证、学科评估等活动日盛而被提上了议事日程。对大学教师实行绩效管理已经成为一种不可阻挡的潮流，并在高等教育领域不断蔓延。

20 世纪 90 年代之前，我国大学教师的评价问题并没有得到理论界的更多关注。大学教师被看做是一个虽然收入不高，但却头顶学术光环过着稳定、自由、清闲和恬淡生活的职业。20 世纪 90 年代末期，随着我国经济和社会的第二次转型，高等教育也纳入了市场化改革的滚滚洪流之中。大学教师评价由传统计划经济体制沿袭下来的以“德、能、勤、绩”等定性指标为主要考查内容的行政评价，逐渐转向以生产力、效率等量化指标为主要考查内容的绩效评价。不过，正如那些具有深刻洞察力的学者所指出的那样，把管理大学教师的方式用于管理企业员工不会取得好的效果，同样把管理企业员工的方式用于管理大学教师也不会取得好的效果。近些年来，我国高等教育领域集中爆发出来的人才培养质量下滑、学术行为不端等现象正是这一现实问题的真实写照。对这些问题的争论聚焦在大学教师评价研究上，集中体现为：究竟应该采用什么样的评价模式和制度、使用什么样的评价指标和方法进行大学教师评价才是真正科学、合理的。

理论界对这一问题的研究主要集中在三个方面。一是对发达国家（主要是美国）大学教师评价标准、程序和具体做法的经验介绍。这方面的研究以2003年北京大学人事制度改革为关键事件，至2007年左右形成了一次研究的热潮。二是对所谓“量化学术评价模式”的批评。针对目前高校普遍采用量化模式进行大学教师评价的做法，许多学者进行了批判性的研究。刘明的《学术评价制度批判》、江新华的《学术何以失范》等专著是这方面研究的典型代表。三是对大学教师评价指标体系建构以及评价方法使用等方面的技术性研究。许多学者深入探讨了层次分析法、数据包络分析法、模糊综合评价法等方法在构建大学教师评价指标体系中的具体应用，以及同行评议、学生评教和基于引文分析的 h 指数、g 指数等文献计量方法用于大学教师评价的优势和不足之处。

上述研究在我国大学教师评价制度转型的过程中，对于吸取国外大学先进的教师管理经验、正确认识评价实践中存在的问题、介绍和普及科学的评价方法等方面，起到了非常及时、关键和建设性的作用。时至今日，尽管相关的研究仍在不断深入的进行之中，但是大学教师的评价问题还远不能用“解决”一词加以定论。在众多的研究成果之中，最缺乏的是从认识论、方法论的视角出发，在大学教师评价范式、模式、制度和体系等层面上进行的理论与实践相结合的研究成果。

本书是基于这一思路而进行的专门性研究，内容涵盖了绩效评价的范式、教师评价的一般理论、大学教师评价的困境等基本理论问题。但是，本书的主旨并不在对理论问题进行详尽的阐述，而是在如何具体评价大学教师的现实应用。更准确地说，本书是顺应时代潮流，尝试建构性地解决大学教师评价问题的探索。本书的贡献主要体现在研究问题定位、理论构建和实证检验三个方面。在研究问题定位上，本书在认识论和方法论的层面上，将争议的根源聚焦在两种大学教师评价范式（产出导向评价范式和行为导向评价范式）的困境之上。在透视理论界对大学教师评价三个视角（规范性、描述性和引导性）研究的基础上，提出了建立知识效能评价框架的研究勾画。这部分内容主要体现在绪论部分。

在理论建构上，本书在概述教师评价一般理论和问题的基础上，将制度分析和组织环境分析融合为知识活动系统分析的新视角，论证了知识效能评价的逻辑合理性，同时整合相关学科（知识管理、技术经济和教师教育研究）对知识效能的研究，建立了多维评价与多源评价相结合的知识效能评价范式。这部分内容主要体现在第二～第四章。

在实证检验部分，本书将理论研究和实证研究有机结合起来，通过问卷调查和专家访谈相结合的方法，设计了大学教师知识效能评价指标和影响因素体系；遵循“从定性到定量综合集成”方法论，建立了大学教师知识效能多指标综合集成方法体系；最后，使用案例研究的方式，选择某研究型大学部分教师作为样本，对大学教师知识效能评价模式进行了实际应用。这部分内容主要体现在第五～第七章。

本书是作者近年来对大学教师评价问题进行探索研究的一个阶段性总结，力图为大学教师绩效研究建立一个引导性的评价框架，并提供一套定性与定量相结合的分析方法与工具。由于大学类型、结构和功能的多样性以及大学教师知识活动的复杂性，本书所做的探索无论是研究的深度还是研究的广度都还远远不够，加上作者水平和精力有限，书中难免存在不足和不当之处，恳请学术界同仁和广大读者批评指正。

李　冲
2015年7月

目录

第一章　绪　　论

所谓大学者，非谓大楼之谓也，有大师之谓也。　　——梅贻琦

教授是大学的灵魂，一个大学学风的优劣，全视教授人选为转移。

——竺可桢

任何社会组织都存在对其成员进行评价的问题，大学也不例外。不过，世界范围内对大学教师评价问题的关注只是近几十年来的事情。20 世纪五六十年代之前，大学教师评价被作为一个应用或实际问题，并未受到更多的理论关注。80 年代以来，尤其是近十几年来，世界各国高校的生存环境都发生了巨大的变化，其中影响最重大的是高等教育质量保障和社会问责制的兴起。在这个背景下，大学围绕生源、经费和声誉的竞争开始日趋激烈，大学的生产力和效率问题日益受到高等教育界的重视。但是，具有深邃洞察力的理论家和睿智的决策者们并未局限于此，而是把目光投向了高等教育产品的直接生产者——大学教师之上，随之而来的是，大学教师评价的一些理论问题也开始受到了前所未有的关注。罗杰·杜斯特（R. K. Doost）从教育财政管理的角度审视了高等教育的价值后得出的结论是：尽管大学本身运行的成本要素很多（如教学、与科研有关的活动、辅助运行设备等），但是与教育直接有关的成本大约只是大学总成本的 1/5。因此，大学的价值并不是它拥有的设备、建筑和学生所缴的费用，大学的价值主要取决于对它所拥有教授的治理和这些治理之间所形成的渐增的智力资本的价值[1]。

20 世纪 90 年代以来，我国高等教育的内外部环境也发生了巨大的变化。随着国家高等教育管理体制改革的逐步深入，尤其是大学教师管理方式上的一系列政策性调整，大学教师评价问题同样引起了理论界的高度重视。围绕这一问题的许多研究和探讨，有些具有普遍的国际共性，有些具有中国本土的特殊性，而无需赘言的是，这些问题同样需要从理论上加以规范、描述和引导。完成这一工作无疑是复杂的，存在很大的难度，但又是高等教育政策制定者、高等学校管理者及高等教育研究者不容回避的任务。这其中最为困难的问题，并非来自评价指标和方法使用上的科学性，而在于作为人类思想建构的评价理论，与“客观实际”的符合不是也不会成为一个终结。对这里面每一个简单问

题的探究，都会把我们引入一个充满矛盾、困境和悖论的复杂而不确定的状态之中。这其中唯一能够确定的是：建构新理论是知识上的冒险[2]。新理论毫无疑问地包含着对旧有理论的分析和批评，使用了某种模式、制度和体系就等于放弃了其他的选择。理论无法用好与坏加以衡量，新理论不是对旧理论或其他理论的否定。有了以上的说明，就可以开始本书的论述了。

第一节 大学教师绩效评价的困境

作为一本专门研究大学教师绩效评价的专著，首先需要界定大学教师评价的概念。但是定义大学教师评价是一件很困难的事情，需要对大学、教师和评价这三个概念的内涵和外延分别做出准确的说明。而以较大篇幅说明这三个概念，显然脱离了本书所关注的主题。从大学教师评价的实践角度着眼，我们发现困扰大学教师评价的理论问题并不是对大学教师评价概念的定义，而是以绩效管理为核心理念出发的大学教师评价框架，对于评价范式选择究竟是基于产出导向还是基于行为导向问题上存在着的两难困境。

一、两种基本评价范式

评价范式是一种公认的评价模型或模式，包含着对评价问题认识的基本理论、观念和方法。大学教师评价范式的差异源于对大学组织性质、战略和政策等先验认识的不同理解。这些不同理解聚焦在大学评价上，形成了两种不同的评价范式，即以结果指标为基础的产出导向评价范式和以过程指标为基础的行为导向评价范式。

1. 产出导向评价范式

产出导向的大学教师评价范式是基于实证主义知识观建立起来的评价理论、观念和方法体系，其哲学基础是操作主义。

这种评价范式最早可追溯到教育评价领域的泰勒模式。泰勒模式强调以目标为中心，通过具体的行为变化来判断教育目标实现的程度。他把教育评价理解为“确定教育目标在实际上被理解到何种程度的过程”，也就是“评价过程在本质上，是一种测量课程和教学方案在多大程度上达到了教育目标的过程”。在大学教师评价问题上，受泰勒模式影响所建立起来的是基于产出导向的绩效评价范式，在评价实践中形成的是决策定向的教师评价制度。这种评价范式认为，只有通过外部奖励才能够调动教师的积极性与创造性，并且也只有通过惩罚不称职的教师才能使他们不断地改进不足和取得进步。在评价的类型上，由于产出是面向过去的行为，需要以结果指标为基础来建立评价体系，因此属于终结性评价。也正是由于这一原因，依据产出导向评价范式建立起来的大学教师评价制度，又被称为“绩效管理型教师评价制度”或“行政管理型教师评价制度”。

2. 行为导向评价范式

行为导向的大学教师评价范式是基于建构主义知识观建立起来的评价理论、观念和方法体系，其哲学基础是建构主义。

这种评价范式源于以埃贡·古贝（Egon G. Guba）和伊冯娜·林肯（Yvonna S. Lincoln）为代表的第四代教育评价理论。第四代教育评价理论的核心要素是“响应式聚焦”（responsive focusing）和“建构主义方法论”（constructivist methodology），认为评价是协调过程，评价结果是评价双方一种不可分离的同构过程。因此，强调将完整的有个性的人作为评价的对象，并通过评价促使人的个性充分发展；注重质的分析，主张从人发展的内在需要和实际状况出发，评价各自的发展进程；在评价过程中，注重自我评价，坚持评价的民主性，强调在评价过程中养成自我分析、自我评价、自我调节的习惯和能力；评价坚持人道主义精神，在相互信任和尊重的良好的人际氛围中组织评价活动，充分体现对人格的尊重、对能力的信任、对发展的关心[3]。

在大学教师评价问题上，受其影响所建立起来的是基于行为导向的专业发展评价范式，在评价实践中形成的是价值定向的教师评价制度。这种教师评价范式强调以促进教师的未来发展为目的，不仅注重教师个人的工作表现，而且更注重教师的未来发展和学校发展。在评价的过程中，根据教师个人的工作表现，确定教师的个人发展需求，制定教师的个人发展目标，为教师提供在职培训或自我发展的机会，提高教师履行工作职责的能力，从而促进教师的未来发展，最终促进学校的未来发展[4]。由于这种评价的目的是改变未来尚未发生的行为，需要以过程指标为基础建立评价体系，因此属于形成性评价。也正是由于这一原因，依据行为导向范式建立起来的评价制度，被称为“专业发展性教师评价制度”或“专业发展模式”。

二、两种评价范式的比较

表 1-1 对这两种评价范式进行了比较。

表 1-1　产出导向评价范式和行为导向评价范式的比较

比较项目	产出导向评价范式	行为导向评价范式
方法论	实证主义	建构主义
人性假设	人有惰性/X 理论	人性本善/Y 理论

续表

比较项目	产出导向评价范式	行为导向评价范式
关注点	结果	过程
主客体关系	保持距离	交流对话
评价目的	奖励/惩罚	专业发展
评价方法	定量方法	定性定量相结合
结果处理	比较	改进

1. 方法论

产出导向的大学教师评价范式和行为导向的大学教师评价范式分别建立在实证主义和建构主义两种不同知识观的基础上。

在对客观世界的认识上，实证主义使用还原论的理论和方法，现实被分解为独立的变量因子和过程段，通过对任何一个变量和过程阶段独立的观察、测量、分析最终达到预测并进而控制现实，因此更强调科学研究、硬数据、假设检验及统计等；建构主义采用整体论的理论和方法，认为现实是人参与其中的建构，而人的活动是一个有机整体，具有多元的、无形的、分散的、整体的特性，不可分裂而只能以整体的方式对待并最终达到对现实意义的理解，因此更强调柔性管理、软数据和人文特征等（对这两种知识观的探讨参见第二章第一节）。二者在方法论、人性假设、关注点、主客体关系、评价目的、评价方法，以及结果处理上具有很大的差异性。

2. 人性假设和关注点

在人性假设上，产出导向评价范式认为人是天生懒惰的，缺乏劳动的主动性，组织的关注点放在设定产出目标之上，相应的理论为麦格雷戈（D. M. McGregor）的 X 理论；行为导向评价范式认为人是天生勤奋的，具有劳动的主动性，组织的关注点放在改进人行为的过程之上，相应的理论为 Y 理论。

3. 主客体关系

在评价的主客体关系上，产出导向评价范式强调主客体分离，评价者和被评价者应保持距离；行为导向评价范式强调主客体协作，评价者和被评价者应交流对话。

4. 评价目的

在评价的目的上，产出导向评价范式的评价目的是为奖励或惩罚提供决策信息；行为导向评价范式的评价目的是为促进教师的专业发展提供价值导向。

5. 评价方法

在评价方法上，产出导向评价范式青睐定量化数据；行为导向评价范式强调定性和定量数据相结合。

6. 结果处理

在评价的结果处理上，产出导向评价范式主要是用于比较；行为导向评价范式主要是用于改进。

7. 综合比较

产出导向评价范式的理性主义色彩浓厚；行为导向评价范式的自然主义色彩较为明显。两种评价范式所抓住的都是评价过程中最重要的一个侧面，产出导向评价范式关注组织的需要，关注事务性的因素，关注可测量的结果，需要量化数据；行为导向评价范式关注个体的需要，关注变革性的因素，关注行为的价值，需要定性的数据[5]。

三、两种评价范式的困境

1. 产出导向评价范式的困境

在管理学中，产出导向评价范式最早可追溯到工业化初期的科学管理理论，它使用一定时期内评价单元的投入产出纪录来表述绩效。近年来有代表性的理论方法包括投资回报率（Return on Investment，ROI）[6]、成本利润法(Cost-Benefit Analysis，CBA)[7]等。基于此评价范式的评价模型主要有如下三种：一是以目标管理为基础的绩效管理模型。美国管理大师德鲁克(P. F. Drucker）在1954年出版的《管理实践》一书中提出："企业绩效要求的每一项工作必须以达到企业整体目标为目标，尤其是每一位管理者都必须把工作重心放在追求企业整体的成功上。"[8]到目前为止，"目标管理"方法被广泛应用于世界各种类型的组织之中[9]。二是以流程为基础的绩效管理模型。以流程为基础的绩效管理模型先通过战略分析确定组织的核心业务流程，然后通过分析核心业务流程的关键控制点确定组织的部门设置需求，再在部门内部将部门的各项关键活动细分为岗位职责，最后在岗位职责的基础上确定绩效管理的基本要素和评价标准[10]。三是以价值链为基础的绩效管理模型。随着罗伯特·卡普兰（R. S. Kaplan）和德怀特·诺顿（D. P. Norton）提出平衡记分卡(Balanced Score Card，BSC）理论[11]，一种以"价值链"为基础的绩效管理方式便逐渐在很多国际知名高校中得以应用。平衡计分卡理论既强调纵向的连续性，使学习成长指标、内部运作指标、客户类指标和财务类指标形成层层递进关系，也强调横向的平衡性，注重四大类指标在实现高校战略过程中的协调性发展。

产出导向评价范式强调行为的结果，侧重组织所实现的物质或客观结果的特征，这既便于评价信息的收集，也便于绩效的量化研究，具有理论上的严密性和实践上的可操作性。结果还受组织的技术状况、投入状况和产出环境等因素的影响。例如，没有先进的实验设备和条件，很难取得出色的科研成果。而且，在个体层面，由于大学教师劳动过程的复杂性，业绩的结果也是十分复杂的，这就使得评价变成了一种复杂的计算模型。从绩效的角度看，大学教师的科研、教学和服务是不同类型的知识活动，简单的统一量化处理在价值判断上不可能达成毫无异议的一致性，因此，基于此范式建立的指标和方法体系并不能很好地反映出大学教师的真实业绩。同时，此评价范式把不同学科、不同研究条件、不同个体知识活动特点的人放在同样的评价尺度之下，忽略了评价单元客观基础条件优劣、不同学科之间的差异及个体知识活动特点的影响，难以反映大学教师知识活动的特殊性，因此，这种评价范式在一定程度上缺乏公允性，对大学教师的激励作用是有限的。

2. 行为导向评价范式的困境

行为导向评价范式可追溯到以梅耶（E. Mayo）和马斯洛（A. H. Maslow）为代表的行为科学学派。这类评价理论认为产出只是一种现象，它是由行为因素导致的。人的素质、能力、有效努力程度等反映绩效的本质。其中，激励理论是行为科学中的核心理论，马斯洛的需要层次理论、赫兹伯格（F. Herzberg）的双因素动机理论、麦格雷戈的 X 理论和 Y 理论、弗鲁姆（V. H. Vroom）的期望理论等都对行为导向评价范式产生了重大的影响。20 世纪八九十年代，由于受系统管理理论的影响，行为管理理论有了新的发展，“人性化管理除了应了解与激励个人或群体的行为外，还需估计组织管理的目标，使员工的行为与组织目标相互融合，且更需要兼顾组织目标与社会环境的互动关系”[12]。近年来，国外教育心理学领域，以阿莫尔（D. Armor）、罗斯（J. S. Rose）、古斯克（T. Guskey）等人为代表的教师效能（teacher efficacy）研究[13]就是按照这一理论思路，从知识结构、能力、信念、人格特征等层面进行的教师评价。

行为导向评价范式强调对投入数量和力度的考查而不是对产出结果的考查，抓住了绩效的本质，但是大学教师的素质、能力、努力程度等与工作产出结果之间不存在结构化的联系，这就给评价指标的选择及量化带来很多困难。首先，在评价指标的数据采集上，对于素质、能力和努力程度的考查很难做到客观精确的量化，依靠主观判断打分的方法涉及人为因素过多，难以做到客观精确；其次，行为评价的科学性需要建立在长时期考察的基础之上，因此，所需成本极大，出于效率的考虑，可操作性较差；再次，由于大学教师工作行为的个体性，因而不可能有固定的规范和程序，编制评价指标体系既困难，也不具有通用性和可移植性；最后，从大学组织管理的角度看，大学教师评价要强调计划、控制和反馈，不可能允许个人知识活动的任意发展。不注重过去，只面向未来，没有任何奖励或惩罚性的结果，评价很可能最终流于形式。因此，这种评价范式同样缺乏公允性，对大学教师的激励作用也是有限的。

第二节 大学教师绩效评价研究的视角

近年来，围绕大学教师评价问题的研究颇多，其核心问题聚焦在规范性、描述性和引导性三个视角之上。

规范性视角的研究问题是“应当采用哪种范式评价大学教师才是适宜的”。这一研究视角关注的重点是评价模型或模式的适当性、合法性和合理性，主要探讨如何通过设置评价标准、程序和方法等评价的规范结构来决定和引导评价的行动结构。上一节对产出导向和行为导向两种评价范式困境的研究就是在这一视角下进行的。描述性视角的研究问题是“为何大学教师评价偏离了规范性框架”。研究关注的重点是实际的评价行为而不是行为的规范，主要探讨评价行动结构偏离规范结构的现实、表现及其成因。引导性视角的研究问题是“应该做些什么才能够改进大学教师评价”。研究关注的重点是弥合评价规范结构和评价行动结构之间的偏差，主要探讨减少或缩短二者之间偏差的方式、方法和途径。

一、规范性研究的视角

对于非专业的评价者来说，大学教师评价的规范性问题似乎并不复杂，主要探讨的就是使用哪一种范式评价大学教师才是正确的简单问题。高等教育的核心问题是质量，应当使用质量标准评价大学教师的绩效，这已经成为学术界及社会各界的普遍共识。不过质量是一个模糊的概念，从先验的（transcendent approach）、基于产品的（product-based approach）、基于用户的（user-based approach）、基于生产的（manufacturing approach）和基于市场价格的（value-based approach）角度都可以给质量下一个完整的定义[14]。质量概念的模糊性造成了大学教师评价规范性视角的多元性，产出导向和行为导向两种评价范式的核心理念都是为了保障质量，不过二者的优缺点具有不可通约性，选择上的两难困境为制定大学教师评价的规范结构带来了难题。

从现实意义上讲，大学使用哪种范式建立大学教师评价的规范性框架并非一个中性的技术问题。绩效评价中也有政治，权力和偏好在其中也起着重要的作用。对于大学而言，由于大学教师劳动的特殊性、大学组织目标的模糊性及学术价值观的多元性等原因，控制大学教师绩效的过程是比较困难的，因此，大学的组织管理者更加青睐于使用产出导向评价范式制定大学教师评价的规范结构；对于大学教师而言，更容易控制的是工作过程而不是行为的结果，因此，更加欢迎组织使用行为导向评价范式制定评价的规范结构。近年来，我国理论界对大学教师"行政评价""量化评价"的诟病，所反映的就是这种控制和反控制之间的争论。

需要指出的是，制定大学教师评价的规范结构并非一个纯粹的组织问题。大学教师评价不完全是大学组织管理活动的一部分，社会的意识形态、政治和心理等因素也对评价施加着重要影响。大学究竟采用哪种评价模式评价大学教师，最终取决于评价规范结构"合法性"① 的社会认同。在大学教师评价实践中，长时期以来，由学术共同体负责的专业评价模式一直居于主导性的地位。20 世纪 80 年代之后，官僚问责的行政评价模式获得了长足的发展，许多国家政府均设立了专门的高等教育质量评估部门。例如，法国 1984 年成立国家评估委员会（Comite National d'Evaluation，CNE），旨在监控高等学校的办学质量；荷兰政府 1985 年颁布《高等教育：质量与自治》的文件，将高等教育质量与大学的自治权和自主权联系了起来；英国 1997 年成立高等教育质量保障署（Quality Assurance Agency for Higher Education，QAA），通过对大学和学院进行评估并发表相关评估报告来维护和提高高等教育的学术标准和质量[15]。20 世纪 90 年代之后，尤其是进入 21 世纪以来，受新公共管理思想持续发酵作用的影响，以消费者为中心的社会评价模式逐渐受到重视，一些社会中介组织逐渐开始介入高等教育领域，如《美国新闻与世界报道》《泰晤士报高等教育副刊》等各类大学排行榜的兴起和发展。

高等教育社会评价模式给大学教师评价带来如下三个方面的影响：一是在评价主体上，更加关注和强调政府、社会和受教育者及其代理人等利益相关者的评价，而以同行评价为媒介的专业评价逐渐被边缘化；二是在评价的价值取向上，更加关注大学教师的"生产力"（productivity），要求大学教师提高科研及教学活动的效率及效能，以最少的投入获得最大的产出；三是在评价的手段上，用结果评价的机制取代了烦琐的、专业的、过程性的管理，将所有科研和教学活动简化为可测量、可比较的表现性指标，以实现对大学教师专业工作的

① "合法性"在社会科学中主要是指一种普遍化理解或假定，即由某个实体所进行的行动，在社会建构的规范、价值、信念和身份系统中，是有价值的、适当的假定。

控制。

社会评价模式是一种典型的基于产出导向的评价范式，依据这种评价范式所建立起来的评价标准、程序和指标体系，并不能完全精确地反映大学教师的真实业绩。产出和业绩两者的界限一旦被模糊，效率替代质量的逻辑就会形成：产出越多，绩效就越好。从个体知识活动的角度上看，基于行为导向的评价范式更加符合大学教师工作的特质，但是“做了什么”和“做得怎么样”的过程指标往往与结果的关联性不强，因此，基于行为导向评价范式所建立的大学教师评价模式，无法回应社会对大学教师“生产力”的关注。产出导向和行为导向评价范式选择上的两难困境，给大学制定教师评价的规范结构提出了一个现实的理论问题：需要建立一个过程与结果能够相互衔接的评价框架，才能既有效地回应社会对大学教师“生产力”的要求，同时又能体现大学教师工作的特殊性。建立这一评价框架超越了评价研究的基本理论范畴，一般被归入到大学的组织、战略、政策等更加一般的范畴之中。实现这一目标，需要对大学的组织、结构，大学作为知识系统的属性、特征，以及大学组织知识活动和大学教师个体知识活动之间的关系进行系统的分析。本书第三章将对这些问题进行深入的探讨。

二、描述性研究的视角

解释评价行动结构偏离评价规范结构的问题及其成因，是描述性研究视角关注的主要问题。近年来，随着我国经济、社会的不断发展，大学逐渐从社会的边缘走向了社会的中心，大学教师更是以知识精英和社会良知守护者的身份受到了社会的广泛尊重。不过，与此同时，一些与大学教师相关的问题也正遭受着社会各界前所未有的批评。

首先是对一些大学教师学术不端行为的批评。近些年来，学术道德、学术规范是高等学校里使用率较高的词汇。翻开报纸杂志，《合肥名博导抄袭外国论著　学术地位竟是抄出来的》《杰出青年科学基金候选人剽窃论文被除名》《重庆西南师范大学一教授连遭剽窃指控》《湖北学术腐败不断　高校这片净土要守住》《学术腐败现象举隅：假冒伪论文满天飞》《学术腐败形形色色，到底是谁玷污了象牙塔》——教育界这样那样的新闻曝光月月有，周周有[16]。学者杨玉圣总结当前我国教育界存在着“低水平重复、粗制滥造、泡沫学术、假冒伪劣、抄袭剽窃”五大失范现象[17]。

其次是对大学教师评价标准取向问题上的批评。2005 年 11 月 24 日《人民日报》刊登了一篇名为“受学生欢迎的老师却‘下岗’了”的新闻，说的是浙江大学人文学院哲学系讲师朱淼华的课教得好，学生给他打高分，却因为没有论文，岗位考评不及格。人们将其称为“朱淼华现象”。上海交通大学讲师晏才宏更是社会广泛关注的例子。他讲课嗓音洪亮，板书俊秀，内容深入浅出，条理清晰，例题更是信手拈来，所授“电路”课程被学生誉为“魔电”，场场爆满，座无虚席。虽然讲课如此受学生欢迎，工作量也超额完成，但是，由于没有像样的科研成果，所以去世的时候仍然还是讲师职称。2013 年 10 月，湖南大学讲师杨飞，因科研业绩考核不合格（11 年没有发表文章），被转岗为图书管理员，其发表的博文《致工管院的朋友们及湖南大学教研同仁的一封信》，再一次掀起了学术界对大学教师评价标准取向上的争论。华东师范大学高等教育研究所所长唐安国教授曾尖锐地指出：“相当一批教师对教书不感兴趣，导致教学水平下降，这已成为目前我国高校面临的一个普遍问题。”[18]

最后是对大学教师工作压力问题的关注。大学教师一直以来都被社会认为是相对较为清闲、恬淡的职业，不过，近年来随着高校“尊重知识”“重视人才”观念的深入人心，一方面是学有所成的教师受到的优待和礼遇有加，另一方面是与之俱来的业务担子负荷的加重。学校不但要求学术上继续成绩突出，而且还要委任行政职务，为所在单位的发展做贡献；要成为硕士生导师、博士生导师，带研究生十几个；要出任各级政府的顾问、各种委员会的委员和学科组成员；要经常讲学、开会、评审；要跑课题，搞课题研究，又要迎来送往……整个奔波劳累，令人难以名状。一项调查结果显示，大学教师的压力感偏高。有 63.6％的教师感到压力较大或很大，而感到压力较小或没有压力的仅占总数的 8.7％。这一结果比近几年来许多对中小学教师压力的调查结果要高[19]。另据上海社会科学院公布的一份《知识分子健康调查》的结果：北京知识分子平均寿命已经从 10 年前的 58 岁下降到调查时的 53 岁。

对于上述问题产生的原因，许多人将其归结为评价偏离学术评价规范框架的量化评价模式。李志仁认为，当前我国学术界（包括高等学校）在学术评价的量化考评制度中存在背离科学研究的基本规律；把细致、复杂的科研管理工作简单化；评价指标重量轻质；人为主观地圈定“核心刊物”等严重的设计缺陷。[20]。刘明在充分肯定现行定量化学术评价办法具有简化标准体系、提高效率、可计量可比较、便于预期、易于控制等长处的同时，强调其有“激励短期行为、鼓励单打独奏、助长本位主义、强化长官意志、滋生学术掮客、扼杀学者个性、推动全民学术、诱发资源外流、误识良莠人才”九大弊端。他认为，在量化评价尺度量裁之下，势必难辨真伪，误识良莠，这是量化学术评价办法的根本性、致命性缺陷所在。这种评价方法其实质是政事不分，数量质量混淆，将复杂的学术评价简单化，导致无效劳动、重复劳动，催生无意义、低质量的学术次品、废品[21]。刘鸿认为，近年来，在大学的学术评价中，无论是教师评价还是学校排名，大多偏重数量化的评价指标，使得目前大学的学术发展渐渐偏离了大学的学术目标，不仅教学与科研分离，而且导致教学的忽略和科研的异化，还引发了一些不正当的学术行为，如学术道德失范、学风浮躁等现象。解决这一问题，要树立教学科研并重的“大教学观”，建立体现“学术自身”的评估指标，建立着重于“质量”的评估机制[22]。

无独有偶，20 世纪 80 年代末以来，美国高等教育界也对大学教师量化评价模式进行了深刻的反思和热烈的讨论。原斯坦福大学校长唐纳德·肯尼迪（D. Kennedy）认为，从数量意义上用研究成果作为任用或提升的一项标准是不合适的，要“逆转把计数和度量作为评估教员研究的重要手段的骇人信条”。他提出，在做出有关认识决定时，对发表的学术论著，不是要求多多益善，而是必须加以限制。他认为研究的竞争性、学术声誉的重要性、一些学术领域的规模、获得终身职位的困难性等，都可能不时地导致不正当学术行为的出现[23]。澳大利亚的大学教师一直在抱怨竞争手段的不当使用在内部分配资源中日益增加。南非的教职人员流失现象严重，很多教职人员经常抱怨教学任务繁重、工作条件恶化等[24]。许多国外学者的研究认为：在理论上，教师评价具有帮助任何教师的作用，但在实践中，它几乎没有起过任何作用[25]。

三、引导性研究的视角

大学教师评价的引导性研究，可以简单地概括为是一个解决评价行动结构偏离规范结构的理论框架。这一理论框架不仅应是逻辑自洽的，而且还应该包含一系列有用的启发式或经验法则，可以很好地解决规范性和描述性研究视角所揭示的各种问题。

描述性视角的研究将大学教师评价中出现的各种问题归因于量化评价模式。作为一种评价的方式、方法或工具，量化模式本身并没有对错之分，这一归因更深层次的根源是大学作为学术共同体侧重“学术质量”过程标准和大学作为学术管理机构偏向“学术效率”结果标准之间的认识冲突。在 20 世纪六七十年代之前，大学“学术质量”和“学术效率”之间的冲突并不十分显著，平庸的组织绩效被卓越学术的光环所掩盖，低效率的学术工作也能够偏安一隅。20 世纪 70 年代以来，随着管理主义的重新日盛，学术组织的生产力日益受到社会各界的广泛关注，大学日益开始重视和强调其组织绩效的重要性，大学教师评价的标准也逐渐开始向学术效率的方向偏移。

理论上说，从单纯质量观发展到质量观基础上的效率观，这是对学术评价认识的发展和进步。没有效率的质量发展，大学难以在日益激烈的学术市场竞争中占据一席之地；而没有质量的效率发展，诱人的统计数据无外乎是昙花一现的泡沫。对于大学教师而言，学术工作的质量和效率都表现在科研、教学和社会服务的成果之上，但是这些成果的质量和数量产出具有不确定性，同时其作用的显现还具有时滞性和不可通约性的特征，因此单纯使用体现效率的数量指标衡量这些产出显然是不合理的。不过，质量标准监管的成本也是评价不容忽视的问题。科研的学术价值、教学的人才培养效果和服务的社会经济效益，更多的是以大学组织绩效的形式整体显现出来的，将大学教师个人的贡献从中剥离出来，并对其价值进行科学的认定，其成本是任何一个评价机构都不愿意承担的。

大学教师产出的不确定性和监管（评价）成本过高之间的矛盾，使得大学在平衡学术质量和学术效率之间面临着纵向和横向两种困境。纵向困境主要表现在：大学的组织目标和大学教师的个人学术目标之间的关系是替代还是互补？放弃对大学教师科研、教学和服务复杂过程的监管，而简单地以产出结果的关键绩效指标（Key Performance Indicator，KPI）作为评价指标的做法是否可行？基于统计分析的量化指标能否取代定性指标？与评价结果直接挂钩的工资、奖励及晋升等的评价政策，对于学术事业究竟是促进还是伤害？横向困境主要表现在：科研、教学和社会服务工作的绩效标准如何统一？从事不同学科、专业教师的绩效评价结果如何进行比较？评价指标中定量化的文献计量指标和同行评价指标如何统一？

解决纵横两种困境需要建立一个能够平衡产出与行为两种评价导向的新模式。这一新模式不但要能够平衡大学学术生产中质量保证和效率提高之间的矛盾，而且还要使产出评价和行为评价之间建立起有机的联系，避免界限混淆可能产生的异化问题，本书第四章的内容将集中于这一新模式的构建之上。

第三节　本书的编写思路、基本观点及内容安排

一、本书的编写思路

制度因素的巨大作用远远超过人的因素，教师的心态、行为甚至命运往往都取决于外在的制度。综观规范性、描述性和引导性三个视角的研究，结论可汇集为一句话：建立一个科学合理的大学教师评价制度。正如哈耶克

(F. A. Hayek）所言，人不仅是一种追求目的（purpose-seeking）的动物，而且在很大程度上也是一种遵循规则（rule-following）的动物[26]。在高度分化的社会中，制度为我们实现那些仅凭个人力量根本不可能实现的目标提供了重要的机制和手段。本书的核心论点是，大学教师的行为取决于大学设立的评价制度，而大学的评价制度又取决于大学所面对的环境。评价制度与组织环境的融合，为我们提供了一个重新认识大学制度属性和组织特性的新视角——知识活动系统分析。基于知识活动系统分析的大学教师评价新模式，所要解决的是一个系统的复杂性问题：既要把组织层面上的大学宏观知识活动和微观层面上的大学教师个体知识活动结合起来，又要把基于结果指标的产出导向评价范式和基于过程指标的行为导向评价范式整合成为一个统一的评价理论框架。

解决上述问题包含着一个普遍的认识论假设：系统性问题适用系统的方法，复杂性问题适用复杂科学理论。本书的研究思路是：使用复杂自适应系统理论来分析大学的知识活动，包括大学宏观知识活动复杂涌现性的来源、大学教师微观知识活动适应选择性的结果，以及二者之间的关联性机制。在此基础上，建立基于知识效能评价范式的大学教师评价新模式，用于解决产出导向与行为导向两种评价范式不可通约的困境。

二、本书的基本观点

大学教师绩效评价是一个超越组织管理的复杂性问题。产出和行为导向两种评价范式过去和现在都有很多争论，问题争论的核心聚焦在强调个体知识活动的特殊性和大学整体知识活动的共同性之上。20 世纪 80 年代兴起的一门交叉学科——复杂性科学（Complexity Science），为我们更好地认识这一问题提供了一个有益的分析框架。

复杂性科学理论框架的运用，可以阐明大学组织中的许多核心问题，包括大学教师作为微观个体与作为组织的大学之间的关系，大学教师个体知识活动的特征与规律，大学组织知识活动的复杂性、涌现性机制，大学微观知识活动与大学宏观知识活动间的关联性，以及使用什么样的大学教师评价范式才具有合理性的分析等。

知识效能评价是基于对大学知识活动复杂性系统分析之上而提出的一种大学教师评价的新模式。这一模式使对大学教师评价问题的多角度、多层次分析统一到知识活动的效能之上，能够将知识管理、技术经济和教师教育研究等多学科维度中丰富多样的评价理论和方法整合在一起。

没有哪一种评价模式比其他模式更具科学合理性，知识效能评价模式也是同样的。通过一种简单、稳定的途径实现对大学教师业绩的科学合理评价，这种认识的局限性是明显的，每一种评价模式都具有内在的弱点，并可能导致消极负效应的产生。

知识效能评价制度的建立是缩减评价行为结构偏离评价规范结构的保障。将知识效能放在大学教师评价制度设计的中心位置，需要将大学教师评价的目标导向、指标选用和方法选择等层面上的设计聚焦于知识效能之上。

三、本书的内容安排

本书按照论点展开的逻辑顺序进行内容安排。第一章为绪论部分，重点探讨了产出导向与行为导向两种评价范式在大学教师评价中存在的两难困境；提出了本书研究切入的三个视角（规范性、描述性和引导性），以及三个视角研究所关注的核心问题与制约问题解决的机制性障碍。

第二章主要概述了教师评价的基本理论。主要阐述了基于三种不同知识观（实证主义、建构主义和后现代主义）的评价理论，教师评价的四种模式（自然性、官僚性、管理性和发展性）、两类制度（奖惩性和发展性）和三个体系（资格审查、业绩考核和职称晋升），英国和美国现行的教师评价体系（英国的绩效管理系统和美国的基于绩效的发展性评价）。最后提出了大学教师评价研究中急需解决的三个基本理论问题（目标导向模糊的困境、制度选择的陷阱和指标体系整合的难题）。

第三章主要论述大学教师知识效能评价范式的理论根据。重点分析了大学的制度起点和组织特性、大学教师个体的微观知识活动与大学组织的宏观知识活动之间的关联性，以及知识效能评价范式过程与结果整合性的维度、特征和机制。

第四章重点论述了大学教师知识效能评价模式的构建。主要探讨了三个学科（知识管理、技术经济和教师教育研究）研究维度中知识效能的含义和特征，基于整合观的大学教师知识效能的特征、类型与结构，以及大学教师知识效能评价维与评价源的选择与组合。

第五章主要论述大学教师知识效能评价指标体系的设计。主要阐述了指标体系设计的一般理论、知识效能评价指标体系设计的基本原则、大学教师知识效能评价指标的来源、大学教师知识效能评价指标体系的构成，以及使用实证方法对指标的选择、检验和说明。

第六章主要论述的是大学教师知识效能评价的方法。主要阐述了定性指标定量化的方法（德尔菲法和灰色评价法）、定量指标定性化的方法（文献计量法和模糊综合评判法），以及多指标综合集成的方法（层次分析法和功效系数法）。

第七章中对研究型大学教师知识效能评价的应用案例进行了分析。主要论述了研究型大学教师的知识效能结构，研究型大学教师知识效能评价的目的、原则和程序，以及知识效能评价指标和方法体系的具体运用。

第八章是本书的结论与展望。主要总结了本书的基本观点与研究取得的结论、研究中存在的局限和不足，以及对大学教师评价研究的未来展望。

第二章　教师评价的基本理论

智慧只在于一件事，就是认识那善于驾驭一切的思想。

——赫拉克利特

如果说我比别人看得更远些，那是因为我站在了巨人的肩膀上。

——牛顿

本章的主要内容是概述与教师评价研究相关的基本理论。对于本书理论观点的展开而言，这部分内容显然是必要的，但是为把研究焦点更多地集中于对大学教师评价问题的研究上，本章对其所做的论述多是提纲挈领性质的概述。虽然没有过多展开论述，但对于构成本书理论体系的完整性是必要的。对于熟悉教师评价的专业人士而言，越过这一章的内容并不影响对后面章节的阅读。

第一节　基于不同知识观的评价理论

对于非专业人士来说，定义和解释评价似乎不是一件很复杂的事：评价无非就是根据某一标准，考查事情做得怎么样的一种活动。这种认识虽然没错，但的确是缺乏对评价问题的深入思考。对于专业的评价人士而言，评价被认为是一个十分复杂、深奥的问题。例如，布鲁姆（B. S. Bloom）认为，评价是人类认知结构中的最高层次，这个层次的要求不是凭借直观的感受或观察的现象做出评判，而是综合内在与外在的资料、信息，理性、深刻地对事物的本质做出符合客观事实且有说服力的价值判断[27]。从这一认识看来，评价无疑是复杂和深奥的，其原因在于，评价是人类思想建构的最高层次，是观念、知识与客观事实相结合的系统化与结构化的产物，其难度和复杂程度可想而知。长时期以来，由于评价的复杂性和深奥性，再加上工具与方法的限制，评价理论仅限于小部分知识阶层的主观质性认识。20 世纪初，凭借自然科学和社会科学理论与方法的新进展，评价理论走出了主观质性认识的藩篱，进入到客观精确的量化阶段。

一、基于实证主义知识观的评价理论

19世纪末20世纪初，实证主义作为一种时代精神逐渐渗入了科学领域之中，并在方法论层面上深刻地影响了评价理论的产生和早期发展。作为一种哲学思想，实证主义的出发点是现象论，认为一切知识都是对现象的共存和相继的描述。主张从经验出发，通过归纳总结把握感性材料，认为通过对现象的归纳可以得到科学定律。例如，孔德认为科学本身就是关于描述、推论和控制的问题，社会科学理论和自然科学理论同样是客观、不附带价值观的规律，同样是一个由互相联系的定义、公理、法则组成的逻辑系统。通过描述，人能够精确地推断出这些规律的规则。这些规则一旦被掌握，便可以反过来推测这些事件，当目标为描述和推断所操纵时，科学规则便可以对自然和社会的可能性做出控制。

实证主义知识观对评价理论的影响，率先反映在学校教育评价模式的转变之上。1900～1930年的30年间，教育评价领域首先开展的是轰轰烈烈的教育测量运动。不过，客观化、标准化的教育测验的弊端也十分明显。例如，学生取得的分数只是他们掌握所学知识的一个证明，实质上是对记忆力的考查。在测量运动深入发展的同时，与其相伴的批评意见也愈发强烈。1929年，美国俄亥俄州立大学教育科学研究所教授泰勒（W. R. Tyler）认识到，以教科书为中心的测验成绩不能代表教育效果，教育测量需要以一定的教育目标为指导。于是泰勒将评价概念应用到教育上，用以同测验相区别。泰勒的这一思想在1932～1940年开展的课程改革研究活动（史称“八年研究”）之中得到了理论和实践的验证，之后，人们将这种模式称为“泰勒模式”或“行为目标模式”。

泰勒模式强调以目标为中心，通过具体的行为变化来判断教育目标实现的程度。教育评价被理解为“确定教育目标在实际上被理解到何种程度的过程”，也就是“评价过程在本质上，是一种测量课程和教学方案在多大程度上达到了教育目标的过程”。为了帮助教育者更清楚地表达教育目标，1956年布鲁姆等提出了认知领域的目标分类；1964年克拉斯沃尔（D. R. Krathwohl）提出了情感领域的目标分类；1972年辛普森（E. J. Simpson）和哈罗（A. J. Harrow）提出了技能领域的目标分类，为开展教育评价提供了理论基础和范例。泰勒模式是教育评价史上第一个完整而且容易理解和实施的评价模式，这种建立在实证主义知识观基础之上的教育评价模式的影响是深远和广泛的，直到20世纪50年代末，一直占据着教育评价思想领域的统治地位[28]。时至今日，泰勒模式仍然在教育评价及公共政策评价等领域发挥着十分重要的作用。

二、基于建构主义知识观的评价理论

20 世纪 50 年代末，西方社会思想领域出现了实证主义和建构主义两大阵营并立的局面。与实证主义强调存在客观知识，并认为知识是独立于认识者之外的对客观世界的本质反映不同的是，建构主义认为知识是认识主体根据自己的经验建构出来的。知识不是对现实的纯粹客观反映，只不过是人们在文化和社会的交流中、在共同参与产生新意义的过程中，不断出现和发展的主观对客观世界的一种解释、假设或假说。例如，施瓦布（J. J. Schwab）认为，科学知识不是对客观事物的摹写或反映，而是人的理智探究的结果。“科学研究的新路线，不单单要从客观事实开始，而且要始于概念，即心智的审慎建构。”[29]

受建构主义知识观的影响，泰勒模式忽视评价参与者主观建构的作用，仅以目标为评价出发点和最终归宿的观点，招致了众多的质疑和反对。许多批评者都认为，评价必须把人类行为置于特定情境中加以理解，应重视在调查研究、随机观察、参与者的会谈和讨论中获得定性而非定量的资料[30]。

1963 年，美国教育家克龙巴赫（L. J. Cronbach）提出，教育评价应该更广义地定义为：“为做出关于教育方案的决策，收集和使用信息。”他认为评价并不是只调查某一教程有效还是无效，而是要确定教程需要改进的方面。克龙巴赫认为，评价的重点应该放在教育过程之中，对教育决策给予必要的改进，而不是只关心教育过程结束之后目标达到的程度。

斯塔弗尔比姆（D. L. Stufflebeam）的教育评价观与克龙巴赫有着很大的一致性。1966 年，他提出“教育者需要一个较广义的评价定义，而不只是局限于确定目标是否达到”，评价应“有助于更好地执行和改进我们的方案”。斯塔弗尔比姆将教育评价定义为：“为决策提供有用信息的过程。”他强调：“评价最重要的意图不是为了证明（prove），而是为了改进（improve）。”这一看法受到了教育界的广泛支持。1985 年，他进一步提出：“评价是一种划定、获取和提供叙述性和判断性信息的过程。这些信息涉及研究对象的目标、设计、实施和影响的价值及优缺点，以便指导如何决策，满足教学效能核定的需要，并增加对研究对象的了解。”基于这些观点，斯塔弗尔比姆提出了由背景（context）评价、输入（input）评价、过程（process）评价和成果（product）评价这四种评价组成的一种综合评价模式（即 CIPP 模式）。1972 年，斯克里文（M. Scriven）提出了目标游离（Goal-free）评价模式。他认为，实际进行的教育活动除了收到预期效应外，还会产生各种非预期效应。布鲁姆也说过：“人们无法预料教学所产生的成果的全部范围。没有预料不到的成果，教学也就不成为一种艺术了。”斯克里文还强调，这种非预期效应的影响有时是重要的，而在目标评价中却得不到反映，所以他提出了目标游离评价（也称无目标评价）模式，这种评价不受预定目标的影响，促使评价者能注重更为广泛的可能结果。1973年，斯塔克（R. E. Stake）提出了应答评价模式。他认为，要使评价结果能真正产生效用，评价人必须关心这一活动所有参与者的需要，通过信息反馈，使活动结果能满足各种人的需要。他提出：“如果教育评价更直接地指向方案的活动而非方案的内容，如果它能满足评价听取人对信息的需求，或者在反映方案得失长短的评价报告中更能反映人们不同的价值观念，那么，这种评价即可称为‘应答评价’。”1975年，毕比（C. E. Beeby）首次提出了教育评价的本质是价值判断，并得到了教育界的广泛认可。他强调，评价要对教育活动的价值做出判断，包括对教育目标本身做出判断，使评价活动有助于决策的科学化，并对实际工作具有指导意义。他把教育评价定义为：“系统地收集信息和解释证据的过程，在此基础上形成价值判断，目的在于行动。”[28]毕比的教育评价观深化了教育评价的内涵，使教育评价中的价值判断越来越受到人们的关注。

此外，自然主义评价（naturalistic evaluation）也是这一时期评价理论的代表。自然主义评价调查的方向是从理论概念及某些学科的研究成果中得出的，其中最主要的是人类学和社会学。调查的方法从极其广阔的问题开始，在现场注意到的或经历的任何事情几乎都可以成为资料。这种评价固然有很多优点，但是，在调查的过程中需要付出相当多的时间和精力，费用较高。如果要求短时间就要得出评价结果，使用自然主义的方法是不实际的。20世纪80年代以来，以古贝和林肯为代表的一些学者，在自然主义评价的基础上提出了“第四代教育评价”理论。他们认为评价是协调过程，评价结果是评价双方一种不可分离的同构过程。因此，强调将完整的有个性的人作为评价的对象，并通过评价促使人的个性充分发展；注重质的分析，主张从人发展的内在需要和实际状况出发，评价各自的发展进程；在评价过程中，注重自我评价，坚持评价的民主性，强调在评价过程中养成自我分析、自我评价、自我调节的观念和意识；评价坚持人道主义精神，在相互信任和尊重的良好人际氛围中组织评价活动，充分体现对人格的尊重、对效能的信任、对发展的关心[31]。

三、基于后现代主义知识观的评价理论

后现代主义（postmodernism）是一场发轫于欧美20世纪60年代，并于七八十年代流行于西方的艺术、社会文化与哲学领域的知识运动，目前仍处在

发展过程之中。后现代主义以反思和批判现代主义文化、理论取向与基础、思维方式等为基本特征，以用新的话语和形式解释世界为特点。其放弃现代性的基本前提及规范内容的要旨，对许多当代社会科学赖以为基础的主要假设提出了挑战。后现代主义认为，知识不是累积的结果，而是批判的结果。任何的知识都存在于一定的时间、空间、理论范式、价值体系、语言符号等文化因素之中。任何知识的意义不仅由其本身的陈述来表达，而且更由其所处的整个意义系统来表达。知识不仅是客观的、公众的，而且也是私人的，它既离不开个体的交往实践活动，也离不开个体的个性特征。不仅存在逻辑严密、体系化的、结构良好的知识，而且还存在逻辑松散、非体系化的、结构不良的知识[32]。

受后现代主义知识观的影响，1973 年欧文斯（T. R. Owens）和 1975 年沃尔夫（R. L. Wolf）提出了对手式评价（Adversary Evaluation）模式。这种评价模式的理论基础是人类动力学（Human Dynamics），主张人类智力是唯一能够感知关系复杂的社会变量并把它们转换为语言陈述的手段。对手式评价采用“斗争理论”，靠相互独立的评价者通过出示更好的也就是更有说服力的证据，或者用能导致优势的法律或辩论术（或其他技术）去努力获胜。这种评价模式可能会揭示出比最初想象更为复杂的问题，但是简单的“肯定—否定”模式也会使许多合理的选择含混不清。另外，这一时期还兴起了元评价（Meta-evaluation）理论，也就是对评价的评价，其目的是向原来的评价者提出他们工作中存在的问题和片面观点。库克（T. D. Cook）和格鲁德（C. L. Grude）是这一评价观的主要倡导者。长时期以来，元评价一直被认为是一种对评价的再评价，不过其后来的发展表明，元评价不是对某个特定评价方法及其结果的评价，而是评价在组织和管理上的问题和评价所提供信息的影响。进行元评价可以了解不同的观点，提高评价结果的信度和效度[33]。

综上所述，评价理论是复杂多样的，上述三种理论类型划分的依据是各自的认识论基础——知识观。虽然三种知识观的差异明显，但是，它们之间的联系也是十分密切的。新知识观的出现并非代表着旧知识观的错误，而是充分揭示了每个随后的认识都代表着人类前进的脚步。实证主义知识观中的价值是统一、中立的，评价因此成为对客观事实的描述；建构主义表明，没有客观、唯一的事实存在，只有人参与构建的多重事实存在，评价因此不仅包括客观事实的描述，还包括多元价值观的整合；后现代主义则走得更远，不仅强调事实的人类建构性，还强调事实建构的个体性、文化性和背景性，评价因此不仅包括事实和价值，还包括情境。

第二节 教师评价的模式、制度与体系

模式、制度与体系是评价理论和实践中使用最广泛的三个基本范畴。模式是基于评价理论所形成的评价概念图式或设计方案；制度是在模式的基础上，引导或限制评价目的选择、信息收集与处理，以及评价技术和方法使用等的规则；体系是在模式和制度的基础上，由具体的评价指标、评价标准、评价方法及评价机构所构成的评价系统。

从方法论意义上讲，评价理论为评价实践提供了本体论和认识论上的支撑，而评价模式、评价制度与评价体系则对评价实践提供了方法论意义上的指导。在当代理论分析中，模式与制度被认为是用来解决实践中反复出现的集体行动的问题。模式与制度的作用在于避免集体行动"新兴效应"（emerging effect）的负面影响，约束行动者为达到共同的目标而协作，协同个体层面的理性与集体层面的理性达到共同的目的之上[34]。迄今在教师评价的实践中，主要存在着自然性、官僚性、管理性和发展性四种教师评价模式，奖惩性和发展性两类教师评价制度，以及资格审查、业绩考核和职称晋升三个评价体系。

一、教师评价的四种模式

评价模式是解决评价问题的理论图式或设计方案。一个良好评价模式的指导有助于评价任务的完成。教师评价模式主要有四种，分别为自然性、官僚性、管理性和发展性评价模式。

1. 四种教师评价模式及其特征

自然性、官僚性、管理性和发展性四种教师评价模式代表着不同的评价风格，分别具有不同的概念结构和逻辑体系，通常被不同类型的学校所采用。文献［35］总结和梳理了这四种评价模式的内涵及特征（表 2-1）。

表 2-1 四种教师评价模式及其主要特征

评价模式	主要特征
自然性模式 （无为而治式）	承认自我发展的重要性； 放弃管理的职责； 鼓励下属教师提出问题； 缺乏重点、方向和目的； 相信自我激励的重要性； 由教师决定是否实施教师评价制度

续表

评价模式	主要特征
官僚性模式 （专制式）	推行教师评价制度，旨在保持社会稳定； 由学校当局强行实施判决式的教师评价制度； 为评价下属教师收集数据； 评定教师等级； 强调外在动力的必要性； 实施评奖制度和等级工资
管理性模式 （组织目标导向式）	控制学校管理的权力，建立严格的等级地位； 加强管理意识； 强调干劲、成就、效率和效果； 控制教师评价制度； 上级频繁使用奖励、表扬、处罚等手段； 确定组织目标，最大限度地实现组织目标； 建立经常性的教师评价制度
发展性模式 （教师发展导向式）	学校领导注重教师的未来发展； 强调教师评价的真实性和准确性； 注重教师的个人价值、伦理价值和专业价值； 实施同事之间的教师评价； 由评价者和评价对象配对，促进评价对象的未来发展； 发挥全体教师的积极性； 提高全体教师的参与意识和积极性； 扩大交流渠道； 制订评价者和评价对象认可的评价计划，由评价双方共同承担实现发展目标

2. 四种评价模式的比较

自然性、官僚性、管理性和发展性四种评价模式各有优缺点，学校在采用某种评价模式时，常常根据自身的条件和要求，在某些方面做出适当的调整。表 2-2 从评价观、评价范式、评价性质、评价方向、评价目标和评价功能等几个方面对这四种评价模式进行了比较。

表 2-2　四种教师评价模式比较

比较项目	自然性模式	官僚性模式	管理性模式	发展性模式
评价观	自然主义	实证主义	现实主义	建构主义
评价范式	过程导向	结果导向	结果/过程导向	过程/结果导向
评价性质	诊断性评价	终结性评价	终结性评价	形成性评价
评价方向	方向不清	决策定向	决策定向	价值定向
评价目标	目标不清	组织目标	组织目标	个人/组织目标
评价功能	功能不清	组织政治功能	管理功能	形成性功能

如表 2-2 所示，自然性教师评价模式的评价观是自然主义的，这种评价观强调从事物自身来说明事物自身，因此强调使用过程导向式的评价范式；在评价性质上，它是一种由教师自己来进行的自我诊断性评价；在评价方向上，自

然性教师评价模式很难找到一个明确的评价方向，评价目标和评价功能都是不清楚的。官僚性模式的评价观是实证主义的，评价范式是典型的结果导向式的，评价性质是由上级领导或部门主导的一种终结性评价，评价方向是为组织决策定向服务的，评价以组织目标为出发点，实现的是组织政治的功能。管理性教师评价模式的评价观是现实主义的，这种评价观强调社会结构的作用，强调使用以结果导向为主、过程导向为辅的评价范式；在评价性质上，它是由管理者为主导的终结性评价；在评价方向上，与官僚性模式相同，也是为组织决策定向服务的，评价同样以组织目标为出发点，评价的功能是为实现组织的管理功能服务的。发展性教师评价模式的评价观是建构主义的，使用以过程导向为主、结果导向为辅的评价范式；在评价性质上，它是领导者、管理者和教师在具有平等地位的前提下，为促进发展而进行的形成性评价；在评价方向上，发展性模式的评价方向是为促进教师个人发展的价值定向性评价；在评价目标上，发展性模式强调通过促进教师个人发展进而实现组织的发展，评价实现的是以改进为主的形成性功能。

综上所述，作为理论图式或设计方案，上述四种评价模式分别代表着四种极端的抽象理论类型，在现实中并非真实存在。不过，这种标准化的模式类型划分具有重要的象征意义，能够为我们认识和理解现实的评价模式提供一个理论参照系。通过比较可以发现，在四种评价模式中，自然性和官僚性是最不好的两种评价模式。自然性评价模式毫无目的性而言，官僚性评价模式单纯以实现组织目标为目的，依据这两种评价模式而设计的评价规范结构与实际的评价行动结构之间存在着巨大的偏差，在实践中难以取得理想的效果。发展性评价模式和管理性评价模式对这两个问题进行了必要的修正，不过缺陷依然存在。例如，管理性教师评价模式过分注重组织目标，过分突出等级地位，忽视教师的发展需求；发展性教师评价模式强调教师的价值，突出教师的发展需求，但缺乏奖惩的评价，不利于组织目标的实现。

二、教师评价的两类制度

20 世纪 80 年代以来，随着教育评价观的进步，尤其是管理理论和心理学理论的重大发展，自然性和官僚性教师评价模式逐渐被各类学校所摒弃，在教师评价实践中，主要是以管理性和发展性教师评价模式为核心，发展形成了奖惩性和发展性两种教师评价制度。从理论上说，奖惩性和发展性教师评价制度同样是抽象意义上的两个极端，完全、绝对意义上的奖惩性或发展性教师评价在现实中是不存在的。这种抽象意义层面上的划分，是为了能够更加清楚地认识两种评价制度的价值取向、侧重点，以及各自的优势和不足（表 2-3）。

表 2-3　奖惩性和发展性教师评价制度比较

比较项目	奖惩性教师评价制度	发展性教师评价制度
评价目的	绩效管理	专业发展
评价功能	甄别与选拔	促进和发展
评价源	自上而下	上下合作
评价指向	面向过去	面向未来
评价关系	主动与被动	合作伙伴
评价标准	统一、预设的	个性、动态的
评价方法	量化方法	质性方法

如表 2-3 所示，奖惩性和发展性两种教师评价制度在评价目的、评价功能等几个方面具有较大的差异。在评价目的上，奖惩性教师评价制度以加强教师绩效管理为目的，依据教师评价的结果，对教师做出晋级、加薪、增加奖金、降级、解聘等奖励或惩处的决定；发展性教师评价制度是以促进教师专业发展为目的，在与奖惩脱钩的前提下，实现全体教师与学校组织的共同发展。

在评价功能上，奖惩性教师评价制度是一种面向过去的教师评价制度，特别注重评价甄别与选拔的功能，忽略教师个体之间的差异，着眼于教师的工作表现，特别是教师在评价之前的工作表现；发展性教师评价制度是一种面向未来的教师评价制度，主张强化教师评价的促进、发展功能，弱化甄别与选拔的功能，强调在没有奖励和惩罚的前提下，通过开展教师评价，促进全体教师的专业发展，从而实现全体教师与学校组织共同发展的双赢目标。

在评价源上，奖惩性教师评价制度是自上而下的，强调学校领导或校外专家等担任评价主体；发展性教师评价制度是自上而下和自下而上相结合的，强调专家、领导、同事、评价对象、学生和家长共同担任评价主体，既包括自上而下的领导评价和专家评价，又包括同事评价、学生家长评价、自我评价，以及自下而上的学生评价。

从理论上说，奖惩性教师评价制度是基于实证主义知识观，依据管理性教师评价模式而构建起来的一套教师评价的规则体系；发展性教师评价制度则是基于建构主义知识观，依据发展性教师评价模式而构建起来的一套教师评价规则体系。在评价指向上，奖惩性教师评价制度主要是面向过去；发展性教师评价制度主要是面向未来。在评价关系上，奖惩性教师评价制度中，评价者与被评价者之间是一种主动与被动的关系；发展性教师评价制度中，评价者与被评价者之间是一种合作伙伴式的平等关系。在评价标准上，奖惩性教师评价制度强调客观性，评价标准是统一的、预设的；发展性教师评价制度强调主观性，评价标准是个性的、动态的。在评价方法上，奖惩性教师评价制度注重结果，多采用外部终结性评价，强调量化方法；发展性教师评价制度注重改进，提倡内部形成性评价，强调质性方法。

在评价实践中，奖惩性和发展性两种教师评价制度都有其存在的必要性。没有奖惩作为依托，单纯的发展性评价很可能会流于形式；而不以促进教师专业发展为目的的奖惩性评价，势必影响教师的坦诚态度，很难指望全体教师的积极参与。不过，由于两种教师评价制度在上述多个方面存在着根本性的差异，很难形成有效整合，本章第三节将结合英美两国的实践探索，对这一问题进行深入探讨。

三、教师评价的三个体系

教师评价体系是指在评价评价模式与制度的基础上，由一系列的评价指标、评价方法、评价标准及评价机构相互协调配合所形成的评价系统。依据评价目的的差异，教师评价体系主要由资格审查、业绩考评和职称晋升三个既相互区别又彼此联系的评价系统构成。

1. 资格审查评价体系

资格审查评价体系是指在教师入职、上岗和评优等工作中，为审核教师是否具备相应的资格和条件而设立和执行的一系列制度、标准和程序等。资格审查评价的性质是一种面向未来的决策定向评价，其主要目的是获得申请人或候选人是否具备其所申请职位、岗位胜任力的基本信息。资格审查评价标准主要来自通过工作分析而分解出来的完成相应工作任务所必需的知识、技能和态度等。在具体的指标上，资格审查评价的侧重点主要是可观察的或可测量的知识、技能和态度三个方面，不同类型的教师职务或岗位对这三个方面的要求具有差异性。以大学教师聘用评价为例，研究型大学更加关注教师从事科学研究的知识和能力。因此，在评价指标体系中，客观指标一般更加强调毕业院校的层次、所获得学位的级别（博士、硕士或学士等）、已取得科研成果（论文、专著）的质量和数量等；主观指标则更加重视学科基本理论知识、学科前沿知识、科研方法知识，以及从事科学研究的兴趣、态度等。教学型大学一般更加关注教师从事教学活动的技能和态度，评价指标体系中除必备的反映个人教学技能，如语言表达、教学方法、教学组织等主客观指标之外，还更加重视教师从事教学工作的兴趣和态度，如工作热情、专注度等。

2. 业绩考评体系

业绩考评体系是指在教师被聘用一段时期后，为考核教师是否完成了聘用之初所设定的岗位目标或所规定的工作任务而制定的一系列制度、标准和程序等。业绩考评体系是一种面向过去的评价，在评价的性质上，既是一种价值定向评价，也是一种决策定向评价。在教师评价体系中，业绩考评体系居于核心的位置。学校组织人事管理工作中的薪资调整、奖励和惩罚，以及荣誉授予等决策，主要就是依据业绩考评体系而做出的。业绩考评的内容主要是教师已经取得的工作业绩，考评标准主要是依据聘任之初设定的目标，或者是根据组织目标所订立的岗位职责制定的。业绩考评体系的具体指标，因评价模式与制度的差异而不同。例如，在官僚性评价模式主导之下的业绩考评，评价指标主要关注的是教师对工作的胜任度和对组织的忠诚度，如 20 世纪 90 年代之前，我国高校教师业绩考评指标主要以“德、能、勤、绩”等几个方面的主观定性指标为主。而在管理性评价模式主导之下的业绩考评，评价指标主要侧重的是教师工作与组织目标之间的关联度和一致度，如 20 世纪 90 年代之后，我国高校普遍建立并实行了以聘任制为核心的教师管理制度，相应的业绩考评指标体系构成也由原来的以“德、能、勤、绩”等主观定性指标为主，转为以科研、教学和服务的成果产出等客观定量指标为主。

3. 职称晋升评价体系

职称晋升评价体系是指为评定教师的学术技术及业务水平的等级称号所设立的一系列制度、标准和程序等。职称晋升评价体系是一种面向过去的评价，评价性质是一种决策定向的评价。与业绩评价的目的是考查教师职位要求或岗位职责的履行和完成情况不同的是，职称晋升评价体系的主要目的是对教师的品级和头衔进行分类，共同之处是二者考查的内容都是以教师已经取得的工作业绩为主。在具体的指标构成上，职称晋升评价体系除了关注教师职位要求或岗位职责的完成情况之外，更加侧重于考查教师已经取得的学术成就。职称晋升评价体系既可以与业绩考评体系分开，也可以与之合并使用。职称晋升评价体系单独使用时，尤其是评价结果与教师的职位或岗位薪金完全不挂钩时，职称晋升评定体系所发挥的只是一种单纯的人才分类作用，评价结果仅是赋予教师的一种荣誉性质的品级分类。例如，由于中小学教师个人的学术成就与其工作业绩之间并无十分紧密的相关性，所以其职称评定往往是与业绩评价分开进行的，同时职称评定结果与教师的薪金变化的联系程度也不十分紧密。而在高校里，由于大学教师工作业绩的学术性特征，职称评定与业绩考评往往结合在一起进行，评价结果也与教师的薪金等利益直接挂钩。例如，美国大学里没有取得终身职（tenure）的终身轨（tenure-track）系列教师，两个聘期之后（一般为 6 年）必须参加学校组织的终身职评审，参加终身职评审的教师一般也同时申请职称晋升（tenure plus promotion）评价，成功获得终身职的教师其职称基本也都会得到晋升，而职称获得晋升的教师一般也不会缺乏获得终身职的资格和理由。但是，从理论上说，美国大学的教师终身职制度和职称晋升制度是学术管理体系中两种不同的制度，只是在实际评价工作中，以考查工作业绩为主的终身职评价指标体系和以考查学术成就为主的职称晋升评价指标体系基本上是同样的，二者之间的差异仅在于评价的侧重点有所不同，因此，很多时候二者可以同时进行。

第三节　英国和美国现行的教师评价体系

英国和美国是最早进行教师评价体系改革并取得了显著成效的两个国家。

英国在 20 世纪 80 年代中期以前，美国在 20 世纪 90 年代以前所施行的都是奖惩性教师评价制度。奖惩性教师评价制度把晋级、加薪、解聘等与教师评价联系在一起，将教师评价制度视为管理和控制教师手段的做法，率先在英国引起了不满，随后，美国教育界也认为奖惩性教师评价制度是一种无法忍受的无意义的做法。迫于压力，英国和美国开始摒弃奖惩性教师评价制度，转而推行发展性教师评价制度。英国学者希尔兰兹（J. Shields）主持的一项调查表明，绝大多数教师都认为参与发展性教师评价是一种有价值的活动[36]。然而，完全摒弃奖惩的发展性教师评价制度并未取得预期的效果，评价几乎到了崩溃的边缘。近些年来，为了克服发展性教师评价制度标准模糊、目的性差的弊端，英美两国试图将奖惩性和发展性教师评价制度融合起来。在英国，这一尝试被称为绩效管理系统，在美国被称为基于绩效的发展性评价。

一、英国的绩效管理系统

20 世纪 80 年代，林达·达林-汉姆德（Linda Darling-Hammond）等提出了包括个人职业发展、个人人事判断、学校发展、学校地位判断四个基本目标的教师评价体系[37]。不过，由于 80 年代保守党的连续执政，这一新的教师评价体系在英国并没有得到实施和推进。1998 年 12 月，英国工党政府出版了旨在改善发展性教师评价制度的《英国教师职业现代化》绿皮书，该书重新提出了将绩效与薪金挂钩的（Performance Related Pay，PRP）教师评价体系。工党政府强调这一评价体系能够实现按照量化指标决定教师的薪水和促进教师个人职业发展的“双重”功能[38]。为推行这一体系，英国教育就业部 2000 年公布了第 51 号通告——《中小学表现管理》，要求英国各地公立中小学根据政府提出的新的表现管理系统对原有的教师评价进行全面修订，并从当年秋季起推广新的教师评价制度。2001 年，政府又颁布了新条例，提出了新的评价架构。这样，一种被称为绩效管理（performance management）系统的评价制度在英国各地公立中小学迅速推广开来。

PRP 教师评价体系主要包括教师评价、校长评价和学校评价三个方面。其中，教师评价体系包括两个层次。第一层次是教师的年度工作绩效，评价内容包括教师自身的专业发展、教学效果和教师的集体绩效；第二层次是国家评价，教师如想晋升绩效工资，必须接受第二层次的评价。较之第一层次的评价，第二层次评价的标准更高，尤其是更加注重基于数据的信度和效度评价，教师只有通过国家标准评价才能够晋升一级绩效工资。从这两个层次的评价性质上看，第一个层次实施的是发展性评价；第二个层次实施的是奖惩性评价。从评价的管理方式上看，第一个层次的评价是强制性的；第二个层次的评价是选择性的。总而言之，PRP 在形式上和程序上的确把发展性教师评价和奖惩性教师评价二者结合了起来。

二、美国的基于绩效的发展性评价

与英国基本同步，20 世纪 90 年代中期以来，美国开始推行一种基于教师行为表现的发展性评价制度（Performance-Based Developmental Evaluation，PBDE）。PBDE 采取建立责任共负机制和教师专业发展评价体系的方法，扩大教师的专业自主权，促进教师的专业化发展和承担对学生发展的专业责任。PBDE 主要包括终结性评价和形成性评价两个层面。终结性评价由专门的教师和管理委员会负责，主要用于考核教师是否晋升或继续聘用；形成性评价一般是由校长和相关教师负责，主要是考查教师在两种职称过渡期间的专业发展表现。

PBDE 评价的实施主要包括七个阶段。第一阶段，校长或评价委员会和教师一起讨论评价目的、评价模式及相关术语，并草拟一份评价目的报告。第二阶段，制定评价的行为指标（performance criteria）和标准（description）。第三阶段，收集教师行为表现的有计划信息和非计划信息。有计划收集的信息包括主动收集的列入观察表的信息、没有列入观察表的信息，以及非观察得到的信息和文本信息；非计划收集的信息包括非主动收集的没有列入观察表的信息、非观察得到的信息和文本信息。第四阶段，将所收集的各种信息转化为“形成性信息表”（Formative Data Form）。第五阶段，基于所获得的学历和以往制定的教学行为指标和标准，召开教师和评价者之间的形成性评价会议。第六阶段，在教师和评价者讨论的基础上，制订教师的发展性计划，一般包括对所要达到指标和标准的陈述、完成任务的活动和资源的叙述、评价的日期和方法，以及教师和校长的评论等四个部分。第七阶段，在信息收集和形成性会议召开等形成性评价的基础上进行一个较为简洁的总结性评价，内容主要包括教师满足期望的行为和未满足期望的行为两个部分[39]。

与英国的 PRP 类似，美国的 PBDE 同样包含着发展性评价和奖惩性评价两个层面。不过，二者有所不同的是，英国 PRP 的奖惩性评价是在国家层面上进行的，而美国并没有一个国家层面上的教师评价制度，奖惩性评价同样也是在学校层面上完成的。

三、英国和美国两种评价体系的实践效果

英国的 PRP 和美国的 PBDE 都是一种将奖惩性和发展性教师评价制度进行融合的有益尝试，实践中也取得了一定的效果。不过，“绩效问责”和“发展改进”在一个评价体系之下是难以共存的。

奖惩性教师评价制度是一种面向过去，以奖励和惩处为最终目的的终结性评价，其目标主要是为管理者做出解聘、晋升、调动、降级、加薪、减薪、增加奖金等决策提供信息，是一种决策定向的评价。发展性教师评价制度不仅关注教师的过去成绩，而且还根据教师过去的工作表现，确定教师个人未来的专业发展需要，是一种面向未来，以促进为最终目的的形成性评价，其目标主要是促进教师的专业发展，进而实现学校的发展目标。从 PRP 和 PBDE 的实际操作过程上看，评价最终都是落实到了结果（奖惩）之上。所以，这两种评价体系本质上是以奖惩性教师评价制度为主导，兼顾教师发展性评价的设计。这种设计在实践中并不能够完全兼顾到促进教师职业发展的目的，瑞格（E. Wragg）等的调查研究表明，英国最初的 PRP 评估使大多数教师的薪金都得到了提高，短时间内貌似教师绩效得到了改进，但是，从长远上看，几乎无条件式地提高教师薪金，对教师的专业发展影响不大。英国学校教师评议组织（School Teachers' Review Body，STRB）在向政府提供的报告中认为，政府对于 PRP 教师评价制度的考虑还不够充分，PRP 仍然是一个完全以绩效为基础的评价制度。英国的全国教师联合会（National Union of Teachers，NUT）组织质疑实行 PRP 教师评价制度是否真的能带来学校教师绩效的提高[40]。

从理论上说，奖惩性教师评价制度和发展性教师评价制度分别是在管理性评价模式和发展性评价模式的基础之上而建立评价体系的，由于二者在评价观、评价范式和评价性质上的巨大差异，在评价实践中将这两种评价制度有效

地融合起来是一项十分困难的工作。正如著名教育评价专家赛尔丁（P. Seldin）所认为的那样，总结性评价和形成性评价的两种目的都是重要的，但是它们又需要分开进行，问题的关键是这两种目的不能够在一个评价系统中共存[41]。米勒（D. T. Miller）也指出，一个具有双重目的的评价系统是理想的，但是考虑到时间、成本的限制，大多数组织施行起来是不现实的。同时，米勒也提出了警告，尽管需要找到提高教师工作绩效的方式，但是，组织不应考虑使用一套办法来实现两种功能的整合[42]。

第四节　大学教师评价研究的基本问题

本章前三节主要关注了教师评价的理论、模式、制度和体系等问题，这些问题在大学教师评价研究之中同样也是重要的理论范畴。不过，由于大学具有区别于一般教育组织特殊的复杂性，大学教师评价形成了一个独特的问题研究领域。这些特殊的问题主要反映在评价目标设定、评价制度选择，以及评价指标和方法整合三个方面。这三个方面的困境、陷阱和难题给大学教师评价实践带来了许多限制，其中，有些限制是结构性的，不易克服；有些是技术性的，可以努力加以克服。不管何种限制，在理论上对它们加以明晰，对于评价工作的改进都将有所裨益。

一、评价目标导向模糊

评价目标是大学教师评价研究中面临的最重要也是最有争议的问题。本书在绪论中对大学教师评价范式的两难困境进行了论述。与其说上述困境形成的根源是两种评价范式本身的缺陷，更不如说是大学教师评价目标导向的模糊性。这一模糊性来源于大学组织性质、结构和功能上的特殊性。

1. 目标的不同作用

目标之于组织和个人的作用是人尽皆知的。任何一个组织都是为一定的目标而组织起来的，无论其成员各自的目标有何不同，但一定有一个为其成员所接受的共同目标，这一共同目标在组织中发挥着认知、聚情、象征和评价等方面的作用。

理性系统分析家强调目标的认知功能，例如，西蒙（H. Simon）认为，目标是提供制订与选择行动方案的准则，是决策与行动的方向与约束。自然系统分析家强调目标的聚情或激励属性，例如，塞尔兹尼克（P. Selznick）认为，目标是参与者获得认同与激励的源泉，可以作为攻击对手和从环境中汲取资源的意识形态武器。制度学派分析家强调目标的象征作用，认为组织信奉的、宣称的或者所要代表的象征性目标对于组织获得合法性、盟友、资源和人员有着重大影响。此外，目标还是评价参与者或者整个组织的基础，例如，德鲁克认为，并不是有了工作才有目标，而是相反，有了目标才能确定每个人的工作。目标提供了辨识和评估特定组织运作的准则。

在目标之于组织所发挥的各种功能之中，由于评价涉及无法客观定义的价值观和行动取向，只有结合在具体的目标之上，评价的规范性结构才能够形成，因此组织目标对于评价所起的作用是实质性和决定性的。当代学者对组织目标的直接研究不是很多，更多的研究纳入了组织战略或政策这两个更为一般的范畴。例如，钱德勒（A. D. Chandler）认为，战略是组织基本的长期目标和目的性决策、行为路线的采纳，以及贯彻这些目标所必需的资源分配[43]。鉴于战略和政策研究所涉及的内容更加复杂，管理学中有专门领域进行研究。例如，迈克尔·波特（M. Porter）提出的“五力”模型、明茨伯格（H. Mintzberg）提出的“5P”模型等，本书对此不做过多的展开。

2. 大学教师评价的目标导向

组织目标之于评价目标导向的作用是毋庸置疑的。虽然大学教师的评价目标不是大学组织目标的分解，但是，一个稳定和清晰的大学组织目标对于设定大学教师评价的目标导向是十分重要的。按照赛尔特（R. Cyert）和马奇（J. March）的观点，一个特定时段内的大学教师评价目标导向可以有三种选择：①依据以前阶段大学的组织目标设定；②依据以前阶段目标设定取得的相关经验而设定；③依据与以前阶段目标范围有关的可比经验而设定[43]。据此观点，大学教师评价的目标导向与大学操纵运作的组织目标密切相关，大学组织目标的变化决定了大学教师评价目标调整的方向。

组织目标的变化源于组织价值观念的调整。对组织价值观念调整起决定性作用的是组织的性质。划分组织性质的标准多种多样，其中对组织成员评价影响最大的是组织的公共性或私有性。一般而言，公共组织以维护和实现社会公共价值为主要目标；私人组织以实现私人价值为主要目标，其相应的组织成员评价目标导向也较为清晰和明确。例如，对政府公务员和商业组织员工的评价，在目标导向上基本不存在较大的争议性。19世纪以来的教育公共化和国家化，使得教育组织的性质产生了分化。中小学被视为向社会提供纯公共物品（义务教育）的公共组织，而由于高等教育具有一定的竞争性和排他性，同时，还具有较强的正外部性，因此，高等学校，尤其是大学被认为是介于私人组织和公共组织之间，向社会提供准公共物品的准公共组织。

按照帕森斯（T. Parsons）经济生产组织、政治目标组织、整合组织和模型维持组织四种组织功能类型的划分方法，大学与中小学都属于模型维持型组织。不过，帕森斯同时也指出，这种分类标准主要考察的是组织的首要功能，并不是指该类组织的唯一功能。组织的分类是由作为局部的组织在系统中实施的功能类型决定的，组织具有整体功能的一致性，但同时又存在不同层次的功能划分[44]。大学作为准公共组织的性质，决定了大学在价值、适应模式、工作规则和制度模式等内部结构功能层面上的特殊性。

首先，价值是界定组织目标并使其合法化的前提条件。组织通过价值设定，在社会建构的规范、价值、信念和身份系统中获得有价值的、适当的合法化条件[45]。在这一点上，大学与中小学都以模型维持价值至上，但是，中小学的价值是单一的社会公共价值，而大学，即便是纯粹的公立大学追求的也是公私兼顾的多元价值。例如，大学普遍重视学校的声誉及社会影响力，而中小学对声誉和社会影响力的关注度却要比大学低得多。适应模式指的是组织与环境之间资源流通的机制，其中人员和经费是最为重要的两个方面。中小学人员招聘和经费来源几乎是完全背离市场原则的，人员招聘以社会需求为准则，资金主要来源于国家的税收。大学则不同，无论是人员招收还是经费收支都介于市场和社会之间。在工作规则上，中小学是决策过程比较集中化的组织，决策权来自上级管理部门的授权，学校行政部门是其主要的决策中心。大学基本上不能靠由校长发布命令，通过系主任下达给大学教师这种直线原则来组织活动，对大学教师的委任、管理的一般原则是管理部门和教师双方之间的责任平衡。在制度模式上，中小学教师“教什么”和“怎么教”有《教学大纲》等明文规定的限制，工作过程受管理部门的权威干涉。大学实行学术自由制度，在某些方面是“逆权威”的，除明文规定的岗位职责之外，大学教师的科研和教学具有较大的自由度，大学行政部门无权干涉[46]。

大学组织结构和功能的特殊性使得大学的组织目标具有天然的模糊性，这一特征造成了大学教师评价目标导向上的困境。在评价目标的价值取向上，中小学和大学虽然都统一于整体的社会价值，但中小学是构成整个义务教育系统的组成部分，其价值目标完全是外生的。大学与中小学不同，是具有较强独立性的自治性组织，价值取向的内生性更为明显。在组织成员的个体目标与组织目标的关系上，中小学教师的个人职责与学校的组织目标是同质的，二者之间不存在冲突；大学教师的学术责任与大学的组织目标在某些层面上是异质的，二者之间在某些时候还会存较大的冲突，例如，大多数教师都比较重视更有益于实现社会价值的人才培养（教学），而大学管理层则往往在实际上更加重视能够给学校带来资源和荣誉的科学研究。

上述特征使得大学教师评价目标导向具有公共价值和私人价值取向的二重性，这一特性使得基于个体绩效提升和基于组织绩效提升的评价目标导向都能找到自治的理论依据。正像本书第一章所指出的那样，基于产出导向和基于行为导向的两种评价范式的理论逻辑都是自洽的，但二者难以兼容，而评价的现实要求又恰恰是要将两种评价目标导向统整在一个评价框架之下。正如米勒所认为的那样，大学教师评价的目的既是一个发展的过程又是一个审查的过程：发展的过程用以提高大学教师的工作绩效，审查的过程用以辅助人事决策，而一个基于模糊目标导向设计的评价体系难以同时既达到促进绩效提高，又能够辅助人事决策的目的。解决这一问题需要从新的视角来认识大学的组织性质，这部分内容将在本书第三章进行阐述。

二、评价模式与制度选择的陷阱

确立评价目标是大学教师评价的第一步，接下来的第二步是选择或建构一个科学合理的评价模式与制度。这一过程往往会陷入由锚定效应（Anchoring Effect）和路径依赖（Path Dependency）所构成的陷阱之中，如欲摆脱这一陷阱的锁定，评价模式与制度选择面临着选择上的困境。

1. 评价模式与制度选择的两种效应

评价模式与评价制度选择不是简单的理论建构，而是一个评价理论与评价实践相互影响的建构和再建构的过程。按照罗尔斯（J. Rawls）的经典假定，评价模式与制度的选择之初，为使评价者和被评价者都处于平等的博弈状态之下，评价者和被评价者双方都应处在“无知之幕”[①]（Veil of Ignorance）之下。不过，评价模式与制度选择在逻辑上承受这种条件的约束和检验存在着如下的悖论：由于评价者和被评价者对所有的信息都处于无知状态，那么也就无法知道什么是“好”的标准，一旦某种评价模式与制度被选定，锚定效应和路径依赖随即就会产生。

锚定效应是一个心理学名词，指的是人们在对某人某事做出判断时，易受第一印象或第一信息支配，就像沉入海底的锚一样把人们的思想固定在某处。1973年，卡纳曼（D. Kahneman）和特沃斯基（A. Tversky）首次提出了锚定效应，次年，二人通过实验进一步证明了锚定效应的存在。在评价实践中，某

① 罗尔斯在《正义论》中提出的一个重要理论，主要指只有在社会角色分配受到无差异的对待时，正义才会出现。

种评价模式与制度一旦被选用，评价者和被评价者会将某些特定的指标、方法作为起始值，这些起始值像沉锚一样锁定了信息获取和价值判断的形成。评价模式与制度选择的锚定效应带来了这样一个困境：评价的改进依赖异质信息和价值判断的输入，但评价模式与制度所设定的信息获取和价值判断机制又恰恰抑制和屏蔽了其输入的通道。

路径依赖最早是出现在经济学中的一个名词，主要指的是制度变迁过程中，过去的选择决定了现在及未来可能选择的一种自我强化现象。诺斯（D. C. North）在《经济史中的结构与变迁》一文中，使用路径依赖理论成功地阐释了经济制度的变迁。在评价模式与制度建构和再建构的过程中，路径依赖的现象同样存在，评价模式与制度一旦进入某一路径（无论是“好”的还是“坏”的）就可能对这种路径产生依赖，并在以后的发展中不断地自我强化。路径依赖带来了这样一个困境：最初选择的评价模式与制度是恰当的，评价活动就会进入良性循环的轨道，迅速优化；反之，评价活动就可能会进入恶性循环的轨道，甚至可能会被锁定在某种无效率的状态之下。一旦进入了锁定状态，要摆脱这种状态就会变得十分困难，往往需要借助外部效应或者引入外生变量才能扭转。

2. 两种效应副作用的成因

锚定效应在微观层面锁定了信息获取和价值判断的形成机制，路径依赖在宏观结构层面上限制了行动的自由选择权。两种效应彼此强化，给评价模式与制度的再建构带来了难以克服的困境：基于一种评价模式与制度而建构的评价体系无法吸收其他评价模式与制度的优点与长处进行再建构。这一困境致使许多“聪明”的努力和尝试往往都以失败而告终，英国的 PRP 和美国的 PBDE 实践就是典型的例证。在大学教师评价模式与制度建构的过程中，锚定效应和路径依赖是同样存在的，克服这两种效应的负面作用，是大学教师评价研究的一个基本问题。

锚定效应和路径依赖的产生始于评价模式与制度的初始选择，因此，对其成因和形成机制的探索自然也应放在初始选择之上。诚如前述，大学教师评价模式与制度的初始选择主要有两个：基于产出导向和基于行为导向评价范式建立评价模式与制度。这两种评价范式在方法论、人性假设等许多方面具有较大的差异，这些差异来源于对两个问题的不同回答。其中，对第一个问题的回答，决定了对第二个问题的回答。

这两个问题分别是：①评价的目的是什么？②怎样才能够实现我们想要达到的目的？对这两个问题的回答分别代表着不同的基本信念体系，包含着对大学组织的系统属性、结构、行为模式等更加抽象范畴的先验认识。对第一个问题的回答是评价模式与制度建构的本体论问题，这个问题还可以被表述为：评价所要知道的是什么？对第二个问题的回答是评价模式与制度建构的认识论问题，这个问题还可以被表述为："我们怎样才能确定我们所想知道的?" 回答上述两个问题有两个不同的视角：理性主义的视角和自然主义的视角。

产出导向评价范式从理性主义的视角出发，把大学视为实现特定目的所设计的工具，大学组织成员的行为是行为者有目的的协调行动，因此，"只有通过对产出的考查才能够知道我们想要知道的"；行为导向评价范式从自然主义视角出发，把大学视为一种调整自己适应所处环境以求生存的社会群体，大学的"真实"目标是在实际中观察到的指导参与者行为的目标，因此，"只有通过对行为的考查才能够知道我们想要知道的"。产出导向和行为导向两种评价范式初始选择的差异，源于对大学组织系统属性、结构、行为模式等问题认识所组成的基本信念体系。这一基本信念体系将人的信息获取与处理机制、行动规则与行为模式牢牢地锁定在这一信念体系所约束的边界之内。信念体系的这种约束作用，在评价模式与制度建构和再建构的过程中就表现为锚定效应和路径依赖。如果要克服这两种效应而对评价模式与制度进行再建构，最核心的问题是要改变对大学组织认识的基本信念体系。不改变这些基本信念，意图将两种评价范式融合起来而建构评价模式与制度的尝试必然是难以成功的。改变这一信念体系，需要对大学制度的起点和组织特性进行再认识，本书第三章将对这些问题进行深入的探讨。

三、评价指标与方法整合的难题

选择合适的评价指标与评价方法是构建大学教师评价体系的核心部分。评价指标是评价目标的分解，评价目标是评价方法选择的前提。评价目标不同，评价指标和评价方法也不同，评价目标为评价指标和评价方法设定了选择的范围。评价指标和方法选用得当，可以更好地实现评价目标的要求。不过，在操作层面上，整合大学教师评价的指标与方法却是一个难题。

1. 评价目标、指标与方法的关系

在大学教师评价中，能够得到认同的指标主要有三种：基于结果的指标、基于过程的指标和基于结构的指标。基于结果的指标主要关注的是教师实施了某种操作的物质或物体的特征。例如，以学生在知识或态度方面发生的变化为教学评价指标，以发表论文、著作的数量和质量为科研评价指标。基于过程的指标主要关注的是教师实施的某种操作行为的数量或质量，评价的是努力的程

度而非结果。例如，以教师授课的学时数为教学评价指标，以教师在撰写论文、著作上所花的时间为科研指标。基于结构的指标关注的是教师实施某种行为所具有的能力现状及其变化情况。由于能力的潜在性，评价指标往往是间接的。例如，以教师在智力或知识测验中取得的成绩为教学评价指标，以教师所获得的学位、职称等情况为科研评价指标。这三类指标由于能够考查的范围不同，分别适用于评价目标不同的评价体系。例如，大学教师资格审查体系一般采用基于结构的指标；业绩考评体系一般采用基于过程的指标；职称晋升体系一般采用基于结果的指标。

评价方法是从指标中提取完成评价任务所需数据和信息的技术和工具。选择评价方法一方面要满足评价目标的要求，另一方面还要满足评价指标的要求。评价方法一般可以宽泛地划分为定性方法和定量方法两类。定性方法主要是依靠评价者的直觉、经验，在评价对象过去和现在的延续状况以及新的信息资料的基础上，对评价对象的性质、特点、发展变化规律做出判断的一种方法。定量方法主要是通过测量获取指标的量化数据，并依据测量数据建立数学模型，最后依据计算结果对评价对象的性质、特点、发展变化规律等做出判断的一种方法。

定性和定量方法各自的优缺点都比较明显。定性方法的优点是在不完全数据、信息的基础上，方法使用得当，也能够对评价对象做出准确的评价。其缺点是受人为干扰因素影响较大，评价结果很难做到精确客观。定量方法的优点是受人为因素干扰较小，评价结果精确客观，但是缺点是对数据、信息的依赖性较强，在数据、信息不完整或缺乏的情况下，评价结果可能会与实际偏差较大。

此外，评价方法与评价指标的关系也十分密切。一些主观性的、无法量化的指标只能采用定性方法才能够处理，而一些以数值形式反映的评价指标无法直接定性，只能够采用定量方法才能够处理。总之，在对评价指标的处理上，定性方法与定量方法应该是统一、相互补充的。给指标定性是指标定量的前提条件，没有定性的定量分析是盲目的、毫无价值的；给指标定量是对指标定性的广泛化和深入化，没有定量的定性分析是粗略的和表面化的。

2. 评价指标的多样性问题

大学教师评价目标导向的模糊性造成了评价指标之间的不可替代性。无论是以结果、过程还是结构为基础的指标，大学教师的教学、科研和服务三个方面的评价指标都是缺一不可的。

教学评价指以人才培养目标为依据，按照教育质量标准，对大学教师教学工作的过程与效果所做的测量、分析和评定。教学是大学的中心任务，也是大学教师的天职。大学教师的教学工作是超越课堂讲授的学术活动，优秀的教学工作不仅表现为学生优异的学业成绩，而且还是关乎学生未来能否成才的重要因素。因此，教学评价是大学教师评价的重要内容。科研评价指对大学教师为增进人类知识而进行的创造性工作成果的评价。自 1810 年德国柏林大学创立之后，洪堡（W. Humboldt）所倡导的大学教育应当与科学研究相结合的理念逐渐被世界各国大学接受和效仿，科学研究逐渐成为除教学工作之外大学教师的另一重要职责。随着科学技术在经济、社会发展中的作用愈发重要，科学研究在大学教师的工作职责中的地位愈发举足轻重。对大学教师科研成果的学术价值、经济效果和社会影响等予以客观、具体、恰当的评价也是大学教师评价的一个重要内容。服务评价指对大学教师使用专业知识和技能为校内和校外所做的各种服务工作所做的评价。大学教师服务评价源于大学服务社会职能的产生。大学社会服务职能产生于美国大学。1862 年《莫里尔法案》的颁布为美国大学社会服务职能的产生提供了法律基础。20 世纪初，威斯康星理念的提出使得大学服务社会职能得以正式确立。大学服务社会职能是在大学教学与科研两项职能基础之上孕育产生的，在某种意义上，服务职能是大学教学与科研职能的延伸。美国大学服务社会的理念不仅为美国大学所接受，而且影响了整个高等教育界，并为世界各国的高等学校所效仿。所以，对大学教师通过教学与科研为社会提供广泛的新知识，从而推动科技进步、社会发展所做的服务工作进行评价也是大学教师评价的一个重要内容。

在大学教师评价指标体系中，上述三类指标都具有不可或缺的重要性。这一认识在宏观层面上并无争议，但是，对于在评价的微观操作层面上，究竟应当以科研，还是以教学为重心，理论界的争论一直就没有停止过。坚持教学重心的一派学者，分别从词源、历史和现实的视角论述教学之于大学的核心地位。首先，从词源上讲，教授这一词是与教学工作密切相连的，“不教、不授”不可称为“教授”。例如，1989 年诺贝尔生理学或医学奖获得者迈克尔·毕晓普（J. M. Bishop）在他的自传《如何获得诺贝尔奖》中写道：“……教学，这是大学教师生涯的一个组成部分。它可以是非履行不可的职责，可以是生活的一个重要内容。也可以是荣誉的，令人欣慰的一部分。教学的愿望是发自肺腑的，不需要辩护，不需要解释，它是一种文化义务，是一种使命。只搞学术研究而不尽教学使命，是枯燥无味的。现代的从事教学和科研的学者，其最崇高的使命，就是要把科研发现和教学两方面的杰出本领结合在同一人身上。”其次，从历史的角度考察，大学最初的职能是教学，科研与服务都是其演化职能，大学的根本意义还是人才培养，而人才的培养必须经过教学环节。最后，从现实的角度看，大学是以学生为中心的，学生毕竟是大学存在的理由，没有学生的“大学”不能称为大学。

坚持科研重心的一派学者则分别从教学与科研的关系、评价的便捷性等角度论述科研的重要性。首先，科研是人类社会获得新知识的主要来源。当代科学技术发展所呈现出的最大特点是知识淘汰与更新的速度在不断加快，因此，只有参与到科学研究之中的教师才能把专业知识准确地传递给学生，才能把学生真正带入学术前沿。一个不从事科研的教师，知识无法得到快速更新，自然也不会有好的教学。其次，从评价的便捷性上来说，较之科研评价，教学评价更难以做到公正客观。科研成果的载体，如论文、著作等都是实实在在的，成果的经济社会效益等，也可以通过一些相关的指标比较直接地反映出来。教学成果的载体是学生的发展，而教学在学生发展中的作用是难以用较为客观的指标反映出来的。在教学与科研之间具有不无因果关系的基础上，使用科研评价指标替代教学评价指标不失是一个有效的办法。

无论是在理论上，还是在实践中，持上述两种极端观点的人并不占多数，更多的人认为：大学教师的科研和教学有如车之二轮，鸟之双翼。无论在任何类型的大学之中，简单地以科研或教学指标替代另一种指标的做法都是不可取甚至是错误的。不过，评价实践中的难题是，科研指标和教学指标之间是不可简单通约的，评价实践需要一种新的概念图式，这一概念图式能够有效地将科研和教学联系起来。本书提出以知识效能这一新概念图式来统整教学、科研和服务三个方面的指标，这一概念图式的科学性、合理性及可操作性将在本书第四章中进行阐述。

3. 评价方法的适用性问题

根据大学教师评价的目标以及指标的特性，大学教师评价所使用的方法概括起来，可分为以同行评价为核心的定性评价方法和以文献计量为核心的定量评价方法。

同行评价（peer review）是指利用若干同行（即有资格的人）的知识和智慧，按照一定的评价准则，对大学教师科研成果和教学工作的显性价值或隐性价值进行评价。同行评价是学术界普遍认同的一种评价方法，被广泛运用于成果评价、职称评审、项目资助、论文发表、机构评估等科研评价活动中。文献计量又称文献统计分析，即利用统计学方法对大学教师科研成果和教学工作成果的相关文献特征进行简单或加权的统计分析，用数据来描述或解释大学教师工作的业绩。在文献计量评价模式出现之前，大学教师评价主要采取的是同行评价方法，近些年来，随着 SCI 等文献数据库的日臻完善，文献计量评价模式逐渐受到高校的青睐。

评价方法的适用并非是价值中立性的。大学中的组织政治、心理和文化等因素也会对大学教师评价方法的适用性产生影响。产生这一现象的原因在于，同行评价和文献计量这两种评价方法的控制方式、评价的节点、评价者构成的专属性上存在差异。

在评价的控制方式上，同行评价属于内控式评价，主要依靠学术共同体内部成员的主观认知形成价值判断；文献计量属于外控式评价，主要依靠学术成果产生的学术、经济和社会效应形成价值判断。在评价的节点上，同行评价属于先验式评价，在无学术成果产出和未形成学术、经济和社会效应的情况下也能够形成价值判断；文献计量属于后验式评价，必须在学术成果产生了一定的学术、经济和社会效应的情况下才能够形成价值判断。在评价者构成的专属性上，同行评价只能依靠同行专家进行，文献计量由一般的管理人员或统计人员进行即可。大学教师评价围绕这两种评价方法的适用性具有很大的争议。

对同行评价的主要争议如下：首先，同行是一种稀缺资源，真正的同行难以寻找。科学的高度分化和高度综合，使得不同学科之间的差异日益显著，边界愈发模糊，很难找到真正的同行。同时，由于研究范式的差异，同一学科、同一领域对同一问题进行研究的人，针对同一评价对象也可能做出完全不同甚至截然相反的评价。其次，同行评价具有难以克服的黑箱性和主观性特征。同行评价是完全依赖专家知识和技能直接获得结果的评价方法，评价过程中的信息搜集和处理，以及价值判断的形成与修正完全是以黑箱的形式进行的，影响评价结果公正性的各种主观因素，如评价者的价值偏好、人际关系、利益关系和马太效应等无法得到有效的控制。

与同行评价相比，文献计量的最大优势是其客观性。在具有可比较性的数据统计结果面前，评价者的主观因素可以得到有效的控制。不过，文献计量方法最大的问题是无法准确地评价质量和无法实现不同价值类型的综合集成。首先，大学教师的科研和教学工作业绩包含质和量两个方面，量上的统计只有建立在质的基础之上才具有可比较的客观性。不过，目前使用文献计量的各种方法都难以实现对质的客观评价。例如，在科研成果质量评价上，文献计量法所采用的引文分析，目前能够准确反映的只是一种学术“影响力”的状况，而决定“影响力”的因素是多方面的，质量所起的作用仍然是模糊的。其次，大学教师评价需要对科研、教学和服务工作的业绩进行综合集成，简单的数量加总是无意义的。

综上所述，同行评价和文献计量两种评价方法的优缺点各异，对于大学教师而言，同行认可至关重要；对于大学而言，学术成果及其经济和社会效应更显价值。在评价实践中，这两种评价方法的功用都是不可或缺的。人才需要培养，成果需要孕育，不使用同行评价的方法，学术成果未形成之前的评价活动无法进行；科研、教学和服务需要形成实质的产出，不使用文献计量的方法，大学的学术、经济和社会贡献无法精确计量。两种不同的评价方法在一个评价体系中如何和谐共存、优势互补是大学教师评价中的一个重要问题。本书第四章将对这一问题进行深入探讨。

第三章　知识效能评价范式的理论

知识的公式就是真实的信念加差异的解释。　——柏拉图

智慧不是别的，而是一种组织得很好的知识体系。　——乌申斯基

上一章概述了教师评价的基本理论、模式、制度和体系，提出了大学教师评价研究的困境、陷阱和难题。本章论述的重点集中在探索解决这些问题的理论路径之上。诚如前述，对这一路径的探讨，实质上是对大学的组织、结构和运行机制等基本理论问题的再认识，这一再认识的根本目的是要建立一个整合产出导向和行为导向两种评价范式的理论框架。具体的思路是从系统论的视角出发，以知识活动为切入点，运用制度分析和组织分析的方法，从静态和动态两个层面重新认识大学的制度和组织属性，以及大学宏观知识活动与微观知识活动之间的关联性，在此基础上，提出大学教师知识效能评价范式，并解释和说明其整合产出和行为两种评价导向的逻辑自洽性。这些论述有些是规范性的，有些是描述性的，其总体的主旨在于集中回答大学教师评价研究中的三个基本问题。

第一节　大学的制度起点与组织特性

明确大学的制度起点与组织特性是重新认识大学的组织、结构和运行机制的前提条件。从系统论的视角看来，大学是人类知识系统的一个子系统，是按照知识的逻辑组织起来的一种特殊的知识系统。作为知识系统的大学，创造、传播、储存和应用知识是其制度的根本逻辑起点，智能复杂自适应是其组织的特殊属性。

一、大学制度的逻辑起点

任何一门学科都是一个特定的理论体系，每一种体系都有各自的逻辑结构，因此必然有一个逻辑起点的问题。大学不是一门学科，但学科体系却是大学组织的核心构架，因此，大学制度的逻辑起点符合学科理论体系逻辑结构的特殊性。黑格尔在《逻辑学》一书中对逻辑起点问题提出了三条质的规定性：

第一，逻辑起点是一门学科中最简单、最抽象的范畴；第二，逻辑起点应揭示对象的最本质规定，以此作为整个学科体系赖以建立的基础，而理论体系的全部发展都包含在这个胚芽中；第三，逻辑起点应与它所反映的研究对象在历史的起点相符合（即逻辑起点应与历史起点相同）。知识作为大学制度的逻辑起点符合上述三条质的规定性。

首先，知识是大学制度中最简单也最抽象的范畴，是大学组织体系赖以建立的基础。无论是微观层面大学教师劳动的特殊性、宏观层面大学职责与功能的多样性，还是大学组织结构的复杂性，涉及大学的所有问题都是围绕知识而展开的。知识在大学中的制度化表现在大学的理念、大学的组织结构和大学职责与功能三个层面之上。

在大学的理念上，虽然不同的国家有不同的大学，但是大学追求知识的本质是不变的。例如，著名哲学家雅斯贝尔斯（K. T. Jaspers）认为，大学就是一个公开追求知识（真理）的场所，所有的研究机会都要为知识服务，在大学里追求知识是人们精神的基本要求。在大学的组织结构上，一个国家和和社会的政治制度、意识形态和风俗习惯等因素决定了大学组织结构的形式，而按照知识逻辑组织起来的学科和专业决定了大学组织结构的实质。正如美国著名教育家弗莱克斯纳（A. Flexner）所说，假设我们可以打碎现有的大学，可以随心所欲地重建，我们应该建立什么样的机构呢？我们不会把它们都建成一个样——都像英国的、法国的、美国的或德国的。但不管留有多大的余地以考虑民族传统或性格的不同，我们都会注意到学者和科学家们主要关心四件事情：保存知识和观念、解释知识和观念、追求真理、训练学生以“继承事业”[47]。在大学的职责与功能上，大学经历一个由单纯知识传授、教学与科研相结合到人才培养、科学研究和社会服务三位一体的发展过程。在这一复杂的发展变化过程之中，唯一不变的是全部变化都包含在“知识”这一胚芽之中。大学从产生之初，直到 18 世纪，仍然还只是一个单纯的知识传播的机构，大学的职能仅仅是培养专门人才。例如，英国牛津大学的著名学者纽曼（J. H. Neman）在《大学的理想》一书中认为，“大学是传授普遍知识的场所”。19 世纪初，德国哲学家、教育家洪堡以新人文主义思想为指导建立柏林大学，确立了大学发展科学的职能。洪堡认为，大学应该为科学的发展做出自己的贡献，大学的核心就在于发现知识。20 世纪以后，随着科学技术的突飞猛进，新的科学文化知识不断涌现，社会生活和科技发展的实际需要促使美国大学产生了直接为社会提供知识服务的职能。21 世纪的大学已经成为一个涉及公共生活各个方面的机构，致力于满足每个社会需求。大学学术研究能力的开发，本身就孕育着未来经济和社会发展的萌芽，它表现为人力资本、内隐知识和知识产权。把川流不息的知识转变成技术创新的新源泉，是大学学术研究的一项任务[48]。

其次，知识作为大学逻辑起点与大学组织的历史起点是一致的。理论界公认的现代大学起源于中世纪的欧洲，那时大学作为集体探索高深学问的机构，其最初理念就是致力于知识的传播。19 世纪著名科学家赫胥黎（A. L. Huxley）曾指出：不管用现代眼光看是多么不完善和有缺陷，中世纪的大学却使学生直接接触了所有的人类思想的主要方面。当时的这些学科虽然还处在萌芽阶段，但确实包括了现在哲学、数学、自然科学和艺术等学科知识[49]。时至今日，大学的理念、组织结构都发生了深刻的变化。1900 年的巴黎大学与 1700 年的巴黎大学完全不同；20 世纪的牛津大学尽管从外部看变化不大，但与 18 世纪的牛津大学相比已大相径庭；尽管相距不到一百年，阿尔特霍夫（Althoff）时代的柏林大学已经有异于洪堡时代的柏林大学；1869 年埃利奥特（C. W. Eliot）任校长时的哈佛大学，与 1909 年他退休时的哈佛大学也的确很不一样[47]。历史学家已详细探讨过这一演变的某些方面，不过，知识作为大学制度的逻辑起点与其历史的起点的一致性却并未因此发生改变：大学的教学活动传播知识，科研活动创造知识，社会服务活动应用知识。“大学的本质就是有关知识的制度，知识的获得、传授和应用三者间的关系也是通过大学而加以制度化的。”[50] 教育专家安德森（G. L. Anderson）在比较了现代大学和中世纪大学的诸多特征后指出：“当代的大学，即使其机构已经扩大并且变得更加复杂，但在结构上与中世纪大学相比没有发生变化。”[51] 原哈佛大学副校长洛维尔（A. L. Lowell）曾指出，大学的存在时间超过了任何形式的政府、传统、法律和科学思想……在人类的种种创造中，没有什么东西比大学更能经受得住漫长的、吞没一切的时间历程的考验。

二、大学组织的系统属性

大学是以知识为逻辑起点建立起来的组织。从广义上，我们可以认为大学是以高深知识生产、传播与应用为目的的各级各类教育机构的总和；从狭义上，我们可以认为它是由教师、学生和管理者所组成的各级各类从事中学后教育的高等学校。

从系统论的视角来看，大学组织是人类知识活动系统的一个子系统，除了具有整体性、相关性、目标性、层次性、随机性和自组织等一般系统的共性特征之外，大学组织的系统属性还表现出智能复杂自适应的特点。

1. 智能复杂自适应

现代系统科学研究经历了三个发展阶段：一是以控制为主要研究对象的“老三论”（系统论、控制论和信息论）阶段；二是以自组织现象为主要研究对象的“新三论”（耗散结构论、协同论和突变论）阶段；三是当前以复杂性研究为主流的新的发展阶段。对于复杂性的研究包括许多方面，其中一个很重要的方面是对复杂性产生机制的研究，复杂自适应系统（Complex Adaptive System，CAS）理论是这方面研究引人注目的新领域。该理论强调，此类系统的成员由具有“适应性的主体”（adaptive agent）所组成，主体在与环境的交互作用中能够不断地学习与积累经验，改变自身的结构和行为方式，使系统演变和进化。一些系统的组成单元按照某种方式结合以后，能够产生各部分或部分简单相加所不具备的整体特性，如果把系统再分解成为组成部分，这些整体性特征就不复存在了。

20 世纪 90 年代以来，美国圣塔菲研究所的霍兰（J. Holland）教授开始建立复杂自适应系统理论。其核心思想是：适应性（adaptation）造就复杂性（complexity）[52]。这种思路是从研究自组织现象开始的[53]。霍兰把系统的组成单元看做是具有自身目的性和主动性的积极主体，在与环境之间反复相互作用的过程中，主体的主动“适应性”形成了系统发展和进化的基本动因。CAS 的特征之一是系统成员是“具有适应性的主体”（adaptive agent）；另一个重要特性是它的整体涌现性[54]。约翰·卡斯提（J. L. Casti）将复杂自适应系统的特征概括为如下几点：①不一致现象，即悖论的存在；②小的变化会导致大的效果，即不稳定性；③行为超越原则，即不相容性；④行为的不可拆分性，即关联性；⑤自组织角色，即层创进化[55]。美国学者穆勒（Muller）提出了判别这种涌现性的三个判据：整体涌现性特征不是其部分的特征之和；涌现性的各类特征完全不同于组成部分的各类特征；涌现性特征不能由单独考察部分的行为中推导或预测出来[56]。

在复杂自适应系统中，还有一类更特殊的系统，由于其构成的主体是具有智能的人，这类系统不仅仅是简单、被动地适应环境，而是运用智能主动地适应环境甚至改造环境，这类系统被称为“智能型复杂自适应系统”。美国知识管理研究学者本涅特夫妇（A. Bennet & D. Bennet）在 CAS 理论基础上提出了智能型复杂自适应系统（Intelligent Complex Adaptive System，ICAS）的概念。在 ICAS 理论中，系统的成员是拥有专业技能与知识的具有智能适应性的人。系统中的主要过程由创造活动、问题求解、决策、实施四个子系统构成，成为组织从事创造性智力活动、解决实际问题、做出管理决策、实施具体业务行动的系统模块。根据霍兰提出的涌现理论，本涅特等人提出 ICAS 具有八种涌现特性：组织智能、统一与共同的目标、最优复杂性、选择性、知识向心性、流、可渗透边界、多维性[57]。

2. 特殊的涌现性

作为知识系统的大学，其组织形式是按照知识分化的逻辑和知识活动的方式构建形成的。在系统的组成成员上，它是由从事高深知识生产、传播与应用活动的具有智能适应性的主体——大学教师构成的；在系统的结构上，它除具有一般开放系统的耗散协同性、自组织性、自创生性等特征之外，还具有较一般系统更为复杂、动态和不确定性的主动适应环境的特征；在功能上，大学知识系统具有不同于一般复杂系统的智能自适应性，其特殊的涌现性主要表现在以下几个方面。

（1）组织智能。较早提出组织智能概念的是英国学者米歇尔·迈克马斯特(M. D. McMaster)，他在《智能优势：组织的复杂性》一书中指出：组织智能是指一个组织作为一个整体所具有的能力，它使该组织能够搜集信息、自我改造、产生知识，并依据所产生的知识采取有效行动。迈克马斯特认为：组织的优势和组织的生存效能依赖于组织智能[58]。大学知识系统的组织智能可以理解为大学传播知识、储存知识、创造知识并在相应的环境中应用知识的能力。这种智能的特性是在大量的个人以及他们相互之间的关系及技术支持之下，通过大学知识系统的各个层次，为了统一的目标进行历史与未来的协同，自下而上地涌现出来的[59]。

（2）统一与共同的目标。目标是系统目的和使命的具体化，是系统在一定时期内所追求和所希望达到的状况。统一与共同的目标是系统能够集中调动资源和将所需的各个局部组成一体的能力。18 世纪之前大学的目标是“传授普遍知识的场所”；19 世纪大学的目标是“探索和传播高深学问的机构”；20 世纪的大学是国家社会的“服务站”；21 世纪的大学是知识经济的“发动机”。统一与共同的目标是大学知识系统把有关的不同部分统整起来，最大限度地获得对背景知识的理解，获得知识，并集中力量去行动和做出反应的动力。统一和共同的目标似乎与系统的自组织机理相矛盾，但是自组织并不是不要规则，在任何情况下，自组织和规则都是需要的。在复杂、动态和不确定的外部环境中，大学能够做出回应最好的同时也最有效影响环境的智能行为，就应该是基于共同愿景的目标和行为的协同。总之，统一与共同的目标是保证整个大学知识系统大于其各个子系统之和的条件。

（3）最优复杂性。系统复杂性的程度同结构的层次密切相关：层次越高，复杂性程度也越高；而结构的层次越多，系统的复杂性程度也越高[60]。大学知识系统横跨科学、技术和社会领域，是文化和价值交流的融汇点，其所统涉的社会系统因素种类繁多，据推算，兴办教育涉及的因素的数目达 10^7，比生产火箭涉及的因素数 10^6 还要多一个几何级数[61]。大学知识系统的复杂性是大学主动适应环境的结果，正如克拉克·科尔（C. Kerr）所指出的那样，复杂万端的高等教育系统从本质上讲是个混血儿，而不是任何观念的极端产物[62]。不过，大学知识系统的复杂性并非简单地堆砌，组织智能和统一与共同的目标在结构和层次上对这一复杂性进行了最优化，形成了大学能够灵活快速适应环境变化的特殊优势。例如，伯顿·克拉克（B. R. Clark）认为："一个包容不同部门和不同程度的综合结构有这样几个好处：第一，它能立即对几种不同的需求同时做出较好的反应；第二，在出现未曾预料到的情况以后能够做出相应的调整；第三，提供较大的回旋余地，以便分别以正义、自由和忠诚的名义采取的不同行动都有用武之地。每一个价值体系都不会因和其他体系直接摩擦而付出沉重的代价，因为每一组价值观念的忠实信奉者至少有那么一块属于自己的地盘，可以避开他人的锋芒而迂回前进。"[63]

（4）互动、变异和选择性。复杂自适应理论认为变异、互动和选择性是形成系统最优复杂性的关键因素。复杂系统最本质的特征是其组分具有某种程度的智能，即具有了解其所处的环境，预测其变化，并按预定目标采取行动的能力。大学知识系统每天都要收到大量的数据、信息与知识，如何甄别和使用它们是十分重要的。大学知识系统是由高智力的人构成的，虽然生理上的限度使一个人同一时间只能关注一事一物，但通过群体内部的分工合作可以大大增加处理能力。对于系统输入的这些信息，有些对系统是有益的，有一些是有害的，大学知识系统通过自调节的功能，有选择地接受，使系统在统一与变革、稳定性与灵活性之间保持平衡。大学知识系统的变异来自新思想、新观念和新方法的输入。这些输入我们可以将其看做是向系统内部输入的一类特殊的负熵流，它不但能够抵消系统内部的增熵作用，使系统从混沌走向有序，而且能够使系统的层次和结构进一步优化，使系统产生更加丰富的信息处理和决策能力，能够更好地向环境学习并适应环境的变化。

第二节　大学微观知识活动与宏观知识活动的关联性

大学以知识为制度起点的逻辑和智能复杂自适应的组织特性，使制度分析和组织分析的方法融合为知识系统分析的新视角。在这一新视角下，大学的组织功能和大学教师的个体职责统一为共同的知识创造、传播和应用。在微观层面上，大学教师的个体知识活动具有依赖于大学宏观整体知识活动的“适应—选择”性；在宏观层面上，大学宏观的组织知识活动具有依赖于大学教师个体知识活动发展方向多样性和协同性的“复杂—涌现”性。

一、大学的微观知识活动

大学的微观知识活动是指由构成大学知识系统的单元个体（大学教师）所进行的以传播、生产和应用知识为目的的各种活动。由于大学教师知识活动的特殊性，按照一般的传统观点，大学教师个体知识活动被认为是个体和个体之间、个体和环境之间彼此没有联系的活动，因此研究的重点被放在了知识转化机制的具体细节上，而ICAS理论把研究这个问题的注意力集中在主体内部信息的处理上。

1. 大学教师知识活动机制的传统认识

对于个体知识活动机制的理论探讨，更多的研究被归入了哲学和心理学的研究范畴，在组织层面上的研究较少。在管理学中，对知识活动机制探讨主要集中在显性知识（explicit knowledge）与隐性知识（tacit knowledge）的相互转化之上。

隐性知识的概念源于科学哲学家迈克尔·波兰尼（M. Polanyi）的《个人知识》一书。在此书中，波兰尼认为，人除了拥有可以通过语言文字表达出来的显性知识或言传性知识之外，还有一部分是不能够独立转化和表达的，与个人的经历和背景密切相关，靠主观体察，或者说“悟”出来的知识，如技巧、诀窍等，这些知识被称为隐性知识、缄默知识或意会性知识[64]。波兰尼认为，隐性知识存在于个人头脑中、存在于某个特定环境下，是难以正规化、难以沟通的知识，是知识创新的关键部分。隐性知识与显性知识的差异主要表现在如表3-1所示的六个方面[65]。

表3-1 隐性知识与显性知识的差异

比较项目	显性知识特征	隐性知识特征
形式差异	规范、系统	尚未或难以规范、零星
基础差异	背后已经建立科学和实证基础	背后的科学原理不甚明确
表现差异	稳定、明确	非正式、难捉摸
状态差异	经过编码、格式化、结构化，用公式、软件编制程序、规律、法规、原则和说明书等方式表达	尚未编码、非格式化、非结构化，用诀窍、习惯、信念、个人特技等形式呈现
认识差异	运用者对所用显性知识有明确认识	运用者对所用隐性知识可能不甚了解
范围差异	易于储存、理解、沟通、分享、传递	不易保存、传递、掌握、分享

自从隐性知识的概念被提出之后，许多相关学者的研究都表明，隐性知识在新知识的发现、传播和应用的过程中起着极其重要的作用。例如，德鲁克认为，隐性知识是不可用语言来解释的，它只能被演示证明它是存在的，主要来源于经验和技能，学习的唯一方法是领悟和练习。著名心理学家斯滕伯格（R. J. Sternberg）认为，隐性知识是以行动为导向的知识，是程序性的，它的获得一般不需要他人的帮助，它能促使个人实现自己所追求的价值目标。这类知识的获得与运用，反映了从经验中学习的能力以及在追求和实现个人价值目标时运用知识的能力，对于现实的生活是很重要的[59]。

受管理学重视隐性知识作用的影响，传统的大学教师知识活动机制被描述为一个显性知识和隐性知识之间持续互动的螺旋过程。例如，威杰塔特（P. Wijetunge）等人提出了一个大学教师知识活动的静态模型（图 3-1）。在这一模型中，大学教师的知识被分为外部隐性知识、内部隐性知识、外部显性知识和内部显性知识四类[66]。

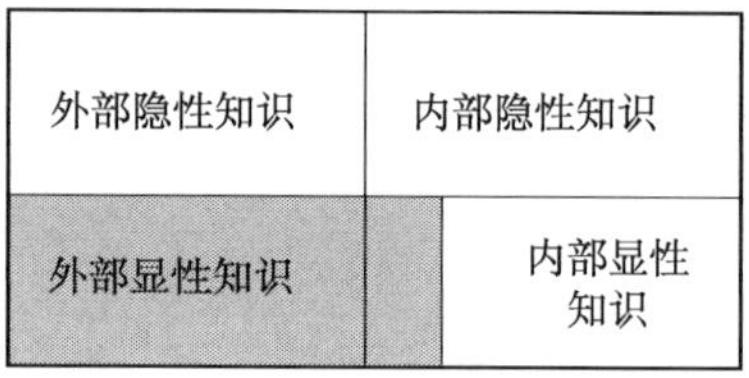

图 3-1　大学教师知识类型

（1）内部隐性知识。指那些资深员工拥有的工作程序性知识、规则和规范等。这些难以言传性的知识积淀在大学教师身上。

（2）内部显性知识。指报告、指南、论文、数据和研讨会等任何在大学内部产生的有形知识。

（3）外部显性知识。指产生于大学外部，以任何有形载体如报告、书籍、杂志、光盘等形式存在的知识。这种类型的知识一般可以在大学图书馆系统获取。

（4）外部隐性知识。指员工外部，向大学提供的专业知识，如员工服务、学科专家等任何向大学提供的专业知识。

这个模型的特点是将隐性知识和显性知识分为内部和外部两个方面，较好地考虑了内部、外部、隐性、显性知识之间的相互关系，但是这个模型的缺陷是它是静态的，没有说明这些知识是如何生成的，以及相互之间是如何转化的。在这一模型的基础之上，吸收日本学者野中郁次郎等人提出的知识转化 SECI 模型[67]的动态性特点，本书建立了一个如图 3-2 所示的新模型，这一模型较好地呈现了大学教师知识活动的传统机制。

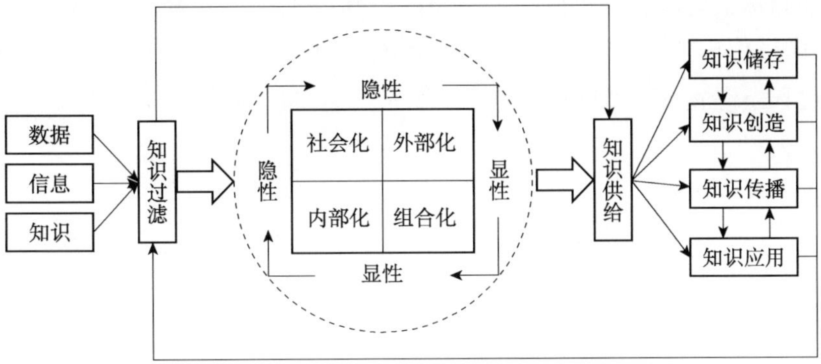

图 3-2　传统大学教师知识活动模型

（1）从隐性知识到隐性知识。即将他人的隐性知识转换为自己的隐性知识，是一种潜移默化的知识转化过程，指不经由显性知识形态过渡的隐性知识直接转换，定义为社会化（socialization）的过程。这个过程主要体现在两个方面：一方面，高校教师为了提高个人的教学和科研水平，要经常参加各种学术活动，调研学习，到外校做访问学者，通过这种方式改善心智模式，实现隐性知识的增值；另一方面，高校教师指导学生从事研究和实验、与学生交流，他们良好的思维习惯、严谨求实的态度、敬业精神等潜移默化地影响了学生的世界观、人生观和价值观，个人隐性知识通过这种“师傅带徒弟”式的面对面的交流传递给了广大学生。

（2）从隐性知识到显性知识。即将不易呈现的隐性知识转换成可文档化和易于交流的显性知识的过程，是一种外部明示的知识转化过程，定义为外化（externalization）过程。大学教师在经历一段时间的知识转换过程后，把自己所获得的数据、信息、经验、感悟等通过归纳整理和抽象，形成能够独立表达和传授的论文、专著、教材、教案等。这个过程使其他人可以共享他的隐性知识。

（3）从显性知识到显性知识。即从一种显性知识的形态转换成另一种自己熟悉的显性知识形态的过程，是一种典型的汇总组合的转换方式，定义为组合（combination）过程。大学教师利用信息网络、数据库、图书馆等知识载体，汇聚大量的显性知识碎片，经过分析整理，把零散的知识结构化和系统化，传授给学生完整的知识。这个过程虽然是知识的综合化，但综合也是创新，也会产生新的显性知识。

（4）从显性知识到隐性知识。是一种内部升华的知识转化方式，定义为内化（internalization）过程。一方面，各种显性知识通过不同的通道融入到个人的知识体系中，升华成为个人的隐性知识；另一方面，当新的显性知识被团队共享时，团队成员开始将这种知识内部化，形成团队的结构性知识。这个过程不是简单的知识的累积，而是一次知识的升华，是新知识生成的起点。

大学教师的知识经过上述转化、传递和创造的螺旋过程之后，形成了储存、创造、传播和应用四种类型的知识供给。当一轮知识生成与转化完成之后，新一轮的知识螺旋过程就会重新开始，大学教师就在这样一个过程中不断地更新、创造、转化和传播着自己的知识。

2. ICAS 理论对大学教师知识活动机制的解释

大学教师知识活动机制传统认识的重点，被放在了知识转化机制的具体细节之上，知识活动所处的环境被假设为不变的常量，这一模型无法解释环境变化情况之下大学教师知识活动的具体机制。ICAS 理论认为，系统主体的活动不能脱离与系统环境之间的联系而单独存在，系统主体主动适应系统环境的信息处理机制是主导系统主体行为的决定性因素。

大学教师知识活动主动适应大学知识系统的信息处理机制，主要是通过认识和理解系统知识活动规则而产生信用分派的途径实现的。由于大学教师具有区别于普通人和一般知识工作者的高素质、高智能和高学历的特征，因此这一机制比一般的知识系统更加复杂。同时，由于大学知识系统中具体的知识活动规则与信息处理机制多种多样，因此很难达到统一的共识。依据 ICAS 的基本原理，我们可以把知识活动的规则和信息处理结合起来，舍弃特定主体处理信息所用的具体机制的细节，这样就获得了描述复杂自适应系统分布式活动的一种自然方式。依此思路，建立一个大学教师知识活动的“适应—选择”模式。

如图 3-3 所示，大学教师知识活动是与外部系统密切联系的复杂的信息、资源交流与转换的动态过程。主体外部的系统环境主要包括四个方面。

（1）系统的性质与特征。包括：系统的边界，即大学教师所处知识系统与外界环境的分界面；系统演化的图景，即系统相变、分形与自创生过程中随机非线性演化的总体趋势；系统的动力机制，即系统组元竞争与协同、多样化与定型化的规则；等等。

（2）系统的知识环境。包括：知识系统内部的文献资料、实验室设备、已经取得的研究成果等基础条件；知识、能力和素质等团队人员构成的结构条件；研究课题与最前沿水平的差距、知识成果数量要求等难度性因素。

（3）知识活动的效能。即知识活动的学术影响、经济效益和社会效益等情况。包括论文、著作的被引用情况、论文发表期刊的水平情况、著作或教材出版社的级别和再版情况、成果鉴定和获奖情况、专利文献的被引用和授权量情况等。

（4）知识活动信用分派规则。包括交换条件规则，即与其他教师进行知识交换的规则；资源转换规则，即加工、利用和重组知识资源的规则；黏着规则，即与其他教师协同知识活动的规则；选择交配规则，即有选择地与其他教师合作，进行团队工作的规则；条件复制规则，即大学教师在资源充裕、条件适宜的情况下，探索新的知识活动领域以增强自身功能的规则[68]。

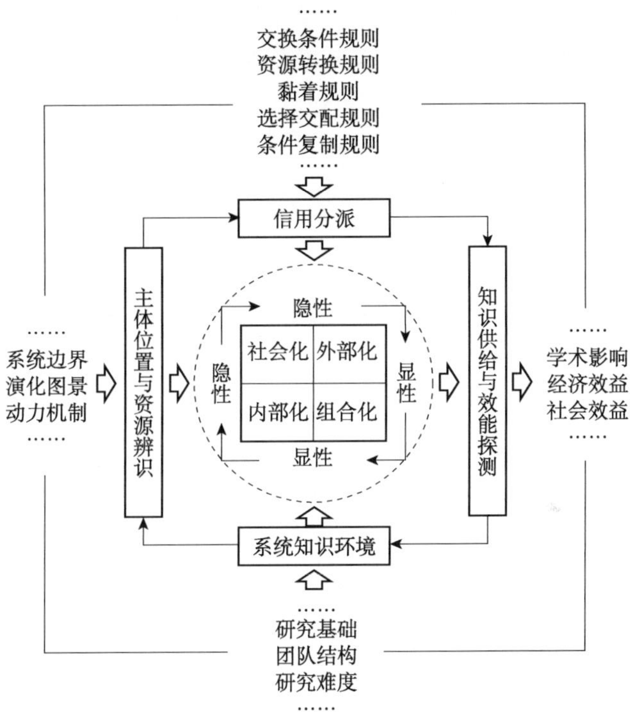

图 3-3　大学教师知识活动的“适应—选择”模型

综上所述，依据 ICAS 原理建立的大学教师知识活动“适应—选择”模式，将大学教师知识活动的静态、动态和环境变化因素的作用结合起来，大学教师的知识活动机制表现为充分利用知识活动信用分派规则，主动选择个体加工、利用和重组知识资源的目标和方法，以个体、团队或加入知识联盟的方式，不断获取知识、转换知识，从而实现知识增值和效能提高。

二、大学的宏观知识活动

作为一个历史发展着的社会组织，大学宏观知识活动处于不断适应与演化的动态变化之中，其功能由最初单一的知识传播发展到了今天的知识生产、传播与应用彼此交融的三螺旋结构。大学宏观知识活动具有不同于大学微观知识活动的更加特殊的复杂涌现性机制。

1. 大学宏观知识活动机制的传统认识

对大学宏观知识活动机制的传统认识，同样是与其构成主体——大学教师的微观知识活动割裂开来进行认识的。李作化、李香林等人在总结美国学者迈克尔·波特的知识链概念和霍尔萨普（C. W. Holsapple）、辛格（M. Singh）的知识供应链模型的基础上，提出了高校知识链模型，这一模型是大学宏观知识活动机制传统认识的典型代表。

（1）知识链概念和知识供应链模型。

①知识链概念。波特认为，组织的知识链由以下四个相互渗透的部分组成。

a. 内部知晓（internal awareness）。知识链的第一个组成部分，描述组织通过结构和功能边界对其优势及弱点的集体理解。

b. 内部响应（internal responsiveness）。知识链的第二个组成部分，描述组织在资源识别及外部环境评估基础上的快速组织能力。

c. 外部知晓（external awareness）。知识链的第三个组成部分，强调组织对环境条件变化的快速响应水平。

d. 外部响应（external responsiveness）。知识链的第四个组成部分，描述了组织根据环境变化方向进行调整的能力。

②知识供应链模型。霍尔萨普和辛格提出的知识供应链模型由主要活动功能和辅助活动功能两部分组成。

a. 主要活动功能。包括以下五个方面。

（a）知识获得。组织获取外部知识，并使之易为组织所用。

（b）知识选择。从组织内部选择知识，并使之易为组织所用。

（c）知识生成。从现有的知识中发现和分化出新的知识。

（d）知识内化。将已经获得、选择和生成的知识通过分发和储藏等方式进行整理，从而改变组织的知识资源状态。

（e）知识外化。将知识融入组织的产品之中。

b. 辅助活动功能。包括以下四个方面。

（a）领导。建立条件使得知识管理工作更富有成效。

（b）合作。通过管理促进合作，适时、适地地运用过程和资源。

（c）控制。使得知识面既满足质量和数量的需求，又符合安全性的要求。

（d）测量。评估知识资源、知识生成和知识新陈代谢的价值。

（2）高校知识链模型。在上述认识的基础上，李作化、李香林等人建立了如图 3-4 所示的高校知识供应链模型。在这个模型中，大学通过知识选择机制从知识资源池中获取外部知识资源和自主知识资源，通过知识挖掘、组织、储存的方式实现知识创新。

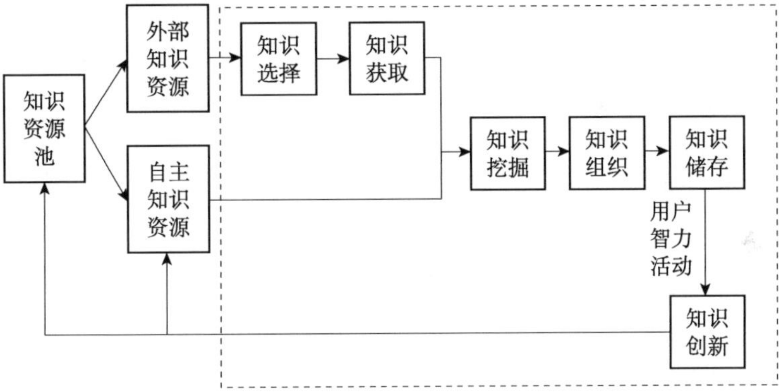

图 3-4　高校知识供应链模型

从以上模型可以看到，在大学宏观知识活动机制的传统认识中，虽然具体的知识活动机制比较复杂，但总体上看，仍然还是一种简单的、封闭式的适应模式。这一模式将大学宏观整体知识活动等同于大学教师个体知识活动的简单线性叠加，忽略了系统演化的非线性机制，切断了个体与整体之间的有机联系，既无法解释大学宏观知识活动的涌现性，也无法反映大学知识活动系统的智能复杂自适应性。

2. *ICAS 理论对大学宏观知识活动机制的解释*

依据 ICAS 的基本原理，如同大学教师个体知识活动无法脱离大学组织整体知识活动，大学的宏观整体知识活动也同样无法脱离大学教师个体微观知识活动。大学教师的个体微观知识活动是大学宏观整体知识活动的前提和基础，是大学整体宏观知识活动智能适应性和复杂涌现性的来源。ICAS 理论提出的“位置”“资源”和“信用分派规则”等概念为我们更好地认识这一问题提供了新的思路。

首先，大学教师个体知识活动是大学组织整体知识活动的基础，是大学知识系统演变和进化的主要动力。这里面所说的个体知识活动并非指孤立的、单独的个体活动，而是指大学教师个体与环境（包括个体之间）的相互影响和相互作用。当我们说大学知识系统整体知识活动大于大学教师个体知识活动之和的涌现性时，所指的就是这种相互作用带来的增值。也就是说，没有凌驾于所有大学教师知识活动之上的所谓的大学整体知识活动，也没有完全脱离大学整体知识活动之外的所谓的大学教师个体知识活动，整体的作用就是通过每个个体表现出来的。

其次，大学整体知识活动的复杂性来源于大学教师个体知识活动发展前途的多样性。在大学知识系统演化的过程中，大学教师个体知识活动存在着从“平等”到“分化”的发展过程，每一个大学教师都有多种发展前途的可能性。这就是说，在系统演化的早期，个体之间的潜力是差不多的，决定他们未来发展方向和结果的因素是其在所处知识系统中的位置和所能够获得的资源。这也就是我们在现实中所看到的，属于不同大学知识系统的大学教师，其知识活动的总体结构特征明显不同；同属一个大学知识系统，分属不同学科知识系统的大学教师，其知识活动的结构亦有不同；在个体所处外部环境相同的情况下，个体知识活动的结构也存在着明显的差异，如一些人善于知识创造与应用，而另一些人善于知识储存与传播。正是由于每一个大学教师个体知识活动发展前途的多种可能性，大学整体知识系统在发展中产生了特定结构，对称性被打破，大学知识系统才从最初的单纯的教与学的机构演化到了今天的知识生产、传播和应用彼此交融的三螺旋结构。

最后，大学教师是智能适应性主体，能够在适应的基础上主动地将个体知识活动协同到大学整体知识活动上来。大学教师是具有高智能的人，其知识活动并不仅是简单的适应，在与其他个体或环境的交互中，能够随着得到的信息不同，而对自身的结构和行为方式进行不同的变更，甚至主动地创造改变自身生存与发展的条件。在大学教师个体知识活动中，交换条件规则、资源转换规则、黏着规则、选择交配规则、条件复制规则等为个体提供了多种多样的行为规则，这些规则之间彼此矛盾、冲突和不一致，需要个体进行检验和认证，进而为其分派不同的信用。只有当主体对这些规则经过比较和选择，其信用程度达到一定的强度时，主体才会进行相应的行动。也就是说，信用分派机制在这一过程中起到了主导和关键性的作用。

综上所述，大学教师的知识活动作为大学知识系统的缩影，是知识生产、知识传播和知识应用的统一体。大学教师虽然个体知识活动的结构互不相同，但在大学知识系统中，这种不同构成了系统结构上有意义的差异，形成了ICAS系统与环境进行交流时标志（tagging）机制的作用，是大学知识系统整体涌现性机制形成的核心因素。在系统内部模型（internal models）和积木

(building blocks) 等涌现性机制的作用下，大学教师个体知识效能由微观层次模型放大为如图 3-5 所示的宏观有机模式。

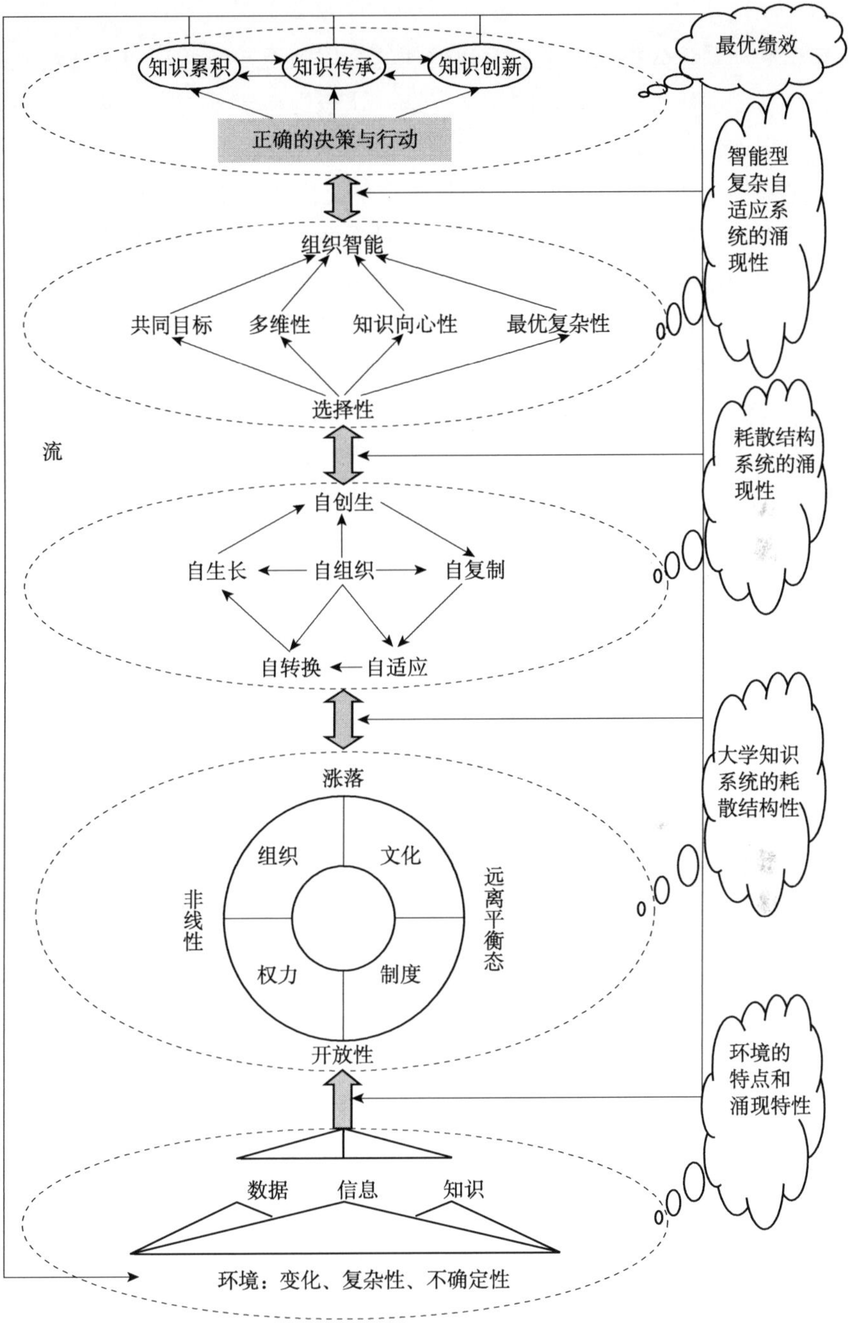

图 3-5　大学组织知识活动的“复杂—涌现”模型

第三节　知识效能评价范式的整合性

知识活动系统分析的视角把大学教师的个体微观知识活动和大学组织的宏观知识活动之间建立起了有机的联系。这一认识为构建平衡大学教师个体评价目标和组织评价目标之间的冲突，整合产出导向和行为导向评价范式的矛盾提供了理论基础。ICAS 理论把个体与其他个体之间主动交往、相互作用的过程提高到了系统进化的基本动因的位置，同时强调适应性造就复杂性的思想，使得知识活动的效能（简称知识效能）成为连接个体知识活动目标和组织知识活动目标的核心范式。个体知识活动“适应—选择”的结果构成了组织知识活动“复杂—涌现”的前提，而组织知识活动“复杂—涌现”的结果又构成了个体“适应—选择”信用分派规则形成的条件。这一新视角提供的理论逻辑，为重新认识和解决大学教师评价研究中的困境、陷阱和难题提供了一个知识效能评价的新范式。

一、知识效能的含义

知识效能是指人类知识活动在一定环境所提供的条件下，个体或组织知识活动所具有的潜能以及所取得的成效或效果。知识效能概念的内涵体现在两个层面上：一是从事知识活动潜在的、尚未发挥出的能力；二是已经取得的成效或效果。知识效能（knowledge effectiveness）概念与心理学中的自我效能（self-efficacy）概念既有区别，又有联系。

自我效能是指个体对能否在一定水平上完成某一活动所具有能力的判断、信念或主体自我把握与感受。班杜拉（A. Bandura）曾指出，效能预期不只影响活动和场合的选择，也对努力程度产生影响。被知觉到的效能预期是人们遇到应激情况时选择什么活动、花费多大力气、支持多长时间努力的主要决定因素。知识效能概念含义的第一个层面与自我效能概念的内涵是等同的。在知识活动之中，潜在的、尚未发挥出来的能力与个体的自我效能感是密切相关的，以往行为的成败经验、替代性经验、言语劝说、情绪的唤起及情境条件等因素对于激发潜能的作用是至关重要的。其次，知识效能不仅是一种从事知识活动的潜能，还包括知识活动所取得的实实在在的具体成果。这些成果既可以是一系列的符号表征、概念、命题，也可以是一套关于办事的操作步骤和过程，还可以是一种认识活动的方法和技巧。不管表现形式如何，这些成果都是具体的、客观的和可用的，而不仅仅是一种期望、信念和预期。

知识效能概念两个层面的关系是密不可分的。自我效能感是知识活动的前提和基础；知识成效是知识活动的目的和归宿。在知识活动中，自我效能感体现在知识活动的过程之上，对知识活动起激励的作用；知识成效体现在知识活动的结果之上，是对知识活动意义与价值的认可。在不同的学科领域中，知识效能概念的含义具有一定的差别，具体的差别情况参看第四章的相关论述。

二、效能评价的特性与维度

效能（effectiveness）是指事物在一定条件下，目标任务实现或问题解决的程度，效能不仅包括实现了目标任务的要求，而且还包括使用了正确的方式和途径。在组织的评价实践活动中，效率（efficiency）、效果（effect）、效益（profit）与效能是经常使用的四个概念。这几个概念既相互联系，又有明显区别，虽然它们都突出强调了一个“效”字，但是所指的侧重点又有所不同。

效率指的是完成某一工作所获的成果与完成这一工作所耗费的人力、物力的比值。从经济意义上讲，效率指的是投入与产出或成本与收益的对比关系。效果指的是完成某一工作所获的成效与结果，是人们通过正确的行为、力量、方式或因素而产生出的合乎目的性的结果。效益指的是某一特定系统运转后所产生的实际效果和利益，既包括经济效益也包括社会效益。“效能”一词原指事物所蕴藏的有利的效用能量，其内容涵盖了效率、效果、效益中的部分含义，事物的效能主要从能力、效率、质量、效益四个方面体现出来。

效能与效率的联系是效能的实现要以一定的效率为基础，效率是反映效能实现程度的一个重要标度。二者的差异是效率强调以最低的成本获得最大的结果，但是并不考虑行为目的和手段的正确性。效率与效能的另一个区别是获取的途径、方法不同。西蒙曾指出：“效率的提高主要靠工作方法、管理技术和一些合理的规范，再加上领导艺术；但是要提高效能必须有政策水平、战略眼光、卓绝的见识和运筹能力。”效能与效果的联系是二者都强调行为结果的合目的性。二者的区别是效能不仅强调行为结果的合目的性，而且也强调投入与产出或成本与收益的对比关系，也就是效率。效能与效益的联系最为紧密，效益是管理活动追求的永恒目标之一。但是，效益高低并不完全等同于效能的高低。效益是构成效能的重要因素和有机部分，体现管理活动取得效果和利益的现实性，而效能不仅反映管理活动取得效果和利益的现实性，而且还体现能够取得效果和利益的潜在性，也就是还要反映取得效果和利益能力的大小与强弱。

较之传统的绩效评价范式，效能评价范式具有多维评价的特殊性。效能评价的因素包括能力（capacity）、效率（efficiency）、质量（quality）、效益（profit）四个层面。在能力和质量评价的层面上，效能评价涵括了行为导向评价范式注重个体需要、关注行为价值的要求；在效率和效益评价的层面上，效能评价涵括了产出导向评价范式注重组织需要、关注结果的要求。效能评价概念的提出使产出导向和行为导向两种评价范式之间建立起了结构化的联系。较之传统的绩效评价范式，效能用作绩效评价具有如下的优势：传统的绩效评价强调工作行为或结果某一方面的实际表现，而效能更强调总体的表现；传统的绩效评价看重的是成本与收益的关系，着重考查效率，而效能更着重考查质量；传统的绩效评价是一种静态评价，注重的是一定时段内系统内部的变化，而效能评价是一种动态评价，涵括了系统改造外部环境的能力。

三、知识效能评价的整合机制

从 ICAS 理论的角度看，大学教师的个体知识活动和整体知识活动都统一于大学制度的逻辑起点——知识。在本质意义上，知识既体现为一种特殊的劳动过程，也体现为一种具体的劳动成果。因此，在微观评价层面上，建立基于知识效能的大学教师评价制度，符合大学教师倾向的以行为导向评价范式建立绩效评价模式的要求。同时，在宏观评价层面上，强调效能也就是强调系统主体对系统的整体功效，因此也符合作为组织的大学所青睐的基于产出导向评价范式建立绩效评价模式的要求。知识效能评价范式的提出，使大学教师评价既在结构的层面上把微观知识活动与宏观知识活动联系了起来，又在操作的层面上把行为评价与产出评价结合了起来。

知识效能评价的整合性通过如下两种机制得以实现。首先，从大学教师个体知识活动的角度看，大学教师个体知识知识活动是“适应—选择”的结果，知识社会化、外部化、内部化和组合化的机制，取决于大学教师依据系统知识环境而建立起来的信用分派强度。大学教师每次应用规则之后，都会依据其在所属大学知识系统中的位置以及能够获得的资源情况修改信用的强度，进而调整知识活动的适应度。如果某一类知识活动产出结果的效能强，那么个体就会增加这种知识活动量；如果某一类知识活动产出结果的效能弱，那么个体就会降低这种知识活动量。只有信用的强度增加或减少到一定的程度时，大学教师才会选择或放弃从事这种知识活动的行为。

对大学教师个体知识活动的这种认识启示我们，自我效能认知是影响和决定大学教师信用分派强度的核心要素，因此，评价效能本身就是为大学教师如何进行知识活动提供信用分派强度，而强度变化的结果将直接作用在大学教师知识活动的过程之上。这样，在大学知识系统中确立以知识效能为主要考查内容的评价制度，就使得产出导向和行为导向评价范式之间建立起了结构化的联系，既能够科学地获得对大学教师个体知识活动过程的事实判断和价值判断，同时也能够有效地引导大学教师调整知识活动的内容和方向，将个体知识活动的结果协同到大学整体知识活动上来。

其次，从大学整体知识活动角度看，大学是具有组织智能和统一目标的智能型复杂自适应系统，其演化的动力虽然从根本上来源于大学教师个体的知识活动的主动适应性和创造性，但这并不是说大学整体知识活动演化过程完全是消极的和被动的。大学能够主动运用组织智能创设或调整系统的整体目标，进而选择或改造系统的演化方向。这一调整的结果反映在大学组织的系统边界、演化图景和动力机制上，其直接的作用结果是改变了大学教师——系统主体的地位和资源识别的机制，因此，从大学整体知识活动角度看，大学教师评价又是一种管理的方式和手段，是对大学教师个体知识活动反馈机制的一种制度性安排。因此，从宏观大学整体知识活动来说，知识效能评价通过对大学教师个体知识活动科学合理的事实判断和价值判断，引导和促进大学教师开发个体知识活动的潜能，进而优化大学整体知识活动的内部结构，提升大学知识系统整体知识能力，使大学发挥智能型复杂自适应系统的涌现性，促进大学知识系统的整体演化。

综上所述，使用 ICAS 理论看待微观层面的大学教师个体知识活动和宏观层面的大学组织知识活动，给我们科学地认识大学教师评价提供了新的思路：知识效能是连接大学教师个体知识活动和大学组织知识活动的纽带。没有对个体知识活动效能的评价，大学教师无法为个体知识活动规则分派信用的强度；大学也无法有针对性地调整发展目标，协同大学教师的个体知识活动。建立以知识效能为主要考查内容的大学教师评价制度，使基于产出导向和行为导向的两种大学教师评价范式之间建立起结构化的联系，这既符合大学教师个体发展的需要，也满足大学知识系统整体演化的要求。从上述认识出发，大学教师知识效能评价范式的整合性可以用图 3-6 表示出来。

依图 3-6 所示，大学教师知识效能要素指标隶属于大学知识系统的子目标，因此，在评价指标的选择上，知识效能评价要以知识系统的目标作为导向，也就是说，大学教师知识效能评价不能单纯地选择大学教师知识活动的产出抑或知识活动中的行为作为评价指标，而是要选择产出或行为中的那些直接促进知识系统目标实现的要素作为知识效能评价的指标。具体说来就是，一方面要以知识活动的直接载体作为知识效能评价的指标；另一方面评价指标也必

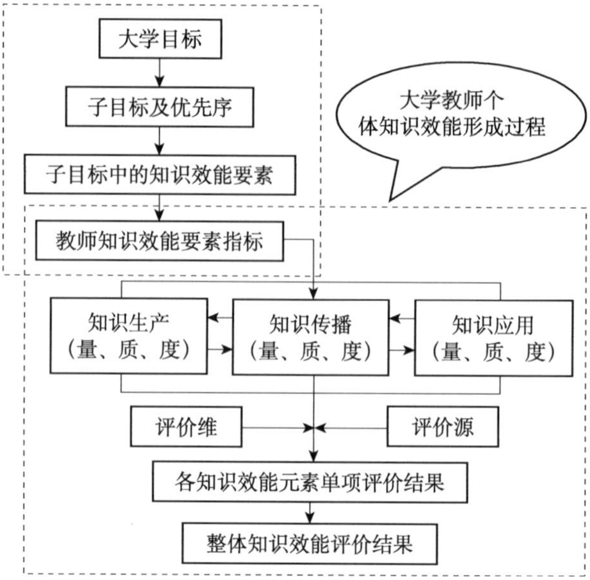

图 3-6　知识效能评价范式图

须考虑知识活动的基础条件、周期、难度及学科等因素。同时，在知识效能要素指标中，无论是知识生产、传播还是应用，均应有一个量、质和度的限度。

第四章　大学教师知识效能评价模式的构建

科学是“无知”的局部解剖学。——霍姆斯

科学的界限就像地平线一样，你越接近它，它挪得越远。——布埃斯特

上一章对大学知识效能评价的理论逻辑进行了探讨，探讨的主要目的是为建立知识效能评价这一新模式提供理论和逻辑的基础。本章及余下章节主要是这一新模式的理论建构及实证检验。本章的主要意图是整合相关学科对知识效能评价研究的视角，探索大学教师知识效能的特征与结构，以及探讨知识效能评价源与评价维的组合问题。需要说明的是，正如评价理论的跨学科性质一样，这些相关的知识也散见于不同的学科或研究领域之中，本章所做的研究是将这些知识进行引导性的发掘、整理和适配，尽管如此，研究仍然存在理想主义的色彩，不过，这些问题对于评价实践而言都是急需解决的。

第一节　知识效能概念的学科维度

一、知识管理研究中的知识效能

知识管理是在知识经济的背景下发展起来的。知识经济时代，知识被认为是一个组织的无形财富，是继土地、劳力、资本之后最为重要的生产要素。知识管理研究的主要目的是通过获得、创造、分享、整合、记录、存取、更新、创新等过程，不间断地将个人知识与组织知识纳入到组织智慧的循环过程之中。知识管理中的知识效能主要表现为组织利用知识（无形资产）改善和提升组织绩效的结果。这一研究维度首先是从定义知识和探讨知识类型的划分开始的。

在知识管理研究中，知识被认为是具有可多次利用率和不断上升回报率价值的因素。例如，世界银行《1998年世界发展报告——知识促进发展》中指出，知识是用于生产的信息（有意义的信息）。知识管理专家达文波特（T. Davenport）认为：“知识是一种有组织的经验、价值观、相关信息及洞察

力的动态组合，它所构成的框架可以不断地评价和吸收新的经验和信息。它起源于并且作用于有知识的人们的头脑。在组织机构中，它不但存在于文件或档案之中，还存在于组织机构的程序、过程、实践与惯例之中。”[69]国家科技领导小组办公室在《关于知识经济与国家知识基础设施的研究报告》中认为：“知识乃是经过人的思维整理过的信息、数据、形象、意向、价值标准以及社会的其他符号化产物，不仅包括科学技术知识（这是知识中的重要组成部分），还包括人文社会科学的知识，以及面临问题做出判断和提出解决方法的知识。”[59]

知识管理研究中对知识的分类方法有多种。最一般的划分方式是，把人类在长期的劳动和生活中通过感官体验获得的有使用价值的知识称为经验知识；把实践中获得的感性材料通过归纳整理、抽象而形成概念与公理，再进一步进行逻辑演绎而形成的假说和原理的知识称为理论知识。在日常生活中，人们还经常把能够在各种知识载体上检索到的，以文字、图表等形式存在的知识称为书本知识；把在社会生产、生活中，通过个体或群体活动而学习和领悟到的技术、技艺和技巧等称为实践知识。

经济合作与发展组织（Organization for Economic Co-operation and Development，OECD）把知识划分为四类：一是知道是什么（know-what）的知识，指关于历史事实、经验总结、统计数据的知识；二是知道为什么（know-why）的知识，指的是自然、社会和人的思维运动法则和规律的科学知识；三是知道怎么做（know-how）的知识，指的是怎样做事、关于技能与诀窍方面的知识或能力；四是知道是谁（know-who）的知识，指的是关于谁知道什么以及谁知道怎样做什么的信息。其中，前两类知识主要指显性知识，后两类知识主要指隐性知识。

知识管理研究对知识定义和类型划分的目的是明显的：围绕知识这一无形资产而进行的管理活动，可以大大改善和提高组织绩效。例如，美国生产力和质量中心（American Productivity and Quality Center，APQC）认为，知识管理表现为一种组织有意识采取的战略，它保证能够在最需要的时间将最需要的知识传送给最需要的人。这样可以帮助人们共享信息，并进而将之通过不同的方式付诸实践，最终达到提高组织业绩的目的。巴斯（S. Barth）认为，知识管理是将智力成本和信息资源回报最大化的策略和结构，依赖创建、收集、共享、整合和再利用知识的文化和技术过程提高效率和效益，进而来创造出新的价值[70]。这一目的主要通过三种形式得以实现。首先，通过吸纳人力资本中对增加组织价值有贡献的那一部分，提高组织产品的附加值。具体方式是将员工能力开发原理、技能培训原理引入人力资本知识增值过程之中，鼓励员工间分享知识，通过团队协作，将个人拥有的知识转化为企业拥有的知识。其次，通过提高知识创造与交换强度来改善组织绩效。具体的方式是通过变革组织结构、引导组织学习、塑造组织文化氛围等方式，培养能够给企业带来潜在收益的价值观念和行为规范。最后，通过组织在维持自身知识优势，保证自身核心能力领先性的前提下，与相关企业结成动态知识联盟网络，进而通过某种核心资源的合作与共享，实现组织绩效的最大化。

二、技术经济研究中的知识效能

与知识效能概念密切相关的另一门学科是技术经济学。在技术经济研究中，知识效能概念的含义在相当大的程度上表现为知识对物质生产要素递增的边际技术替代率，研究的主要的目的是发现并获取知识，储存、更新和保护知识，有效地传播、利用和创新知识，不断地把知识应用于生产过程，使越来越多的物质生产要素与知识要素相结合，发挥其最大的经济和社会效益。

经济学家对知识效能的研究，最早可以追溯到二三百年前，德国历史经济学家弗里德里希·李斯特（F. Liszt）提出了与物质资本相对应的精神资本的概念[71]。英国哲学家、经济学家约翰·穆勒（J. S. Mill）指出，“技能和知识都是对劳动生产率产生重要影响的因素”[72]。人力资本理论的创始人之一舒尔茨（T. W. Schultz）认为，人力资源质量（人口受教育程度、科技文化水平和生产能力）越高，其国内的人均产出或劳动生产率就越高[73]。经济史的研究表明，美国自 1900 年以来，每单位产出的劳动力投入每年减少 1%；第二次世界大战以来，每单位国内生产总值的原材料消耗每年降低 1%；1950 年以来，单位产出的能耗每年也降低 1%[74]。经济学家们曾将 1948～1984 年劳动力和资本的投入代入公式进行计算，发现美国经济增长比资本和劳动力投入所应该带来的增长大 66%，对 1952～1961 年日本经济增长的类似计算也发现增长中多出来的 66%无法解释。这些研究的结果使经济增长因素中又增加了一项新的测算指标——技术进步指数。

20 世纪 80 年代以后，“新经济增长理论”学者建立了反映知识效能的经济增长知识累积（Accumulation of Knowledge，AK）模型。其典型的代表是卢卡斯（R. Lucas）的人力资本溢出模型和罗莫（P. Romer）的知识溢出模型。卢卡斯认为，知识是人力资本的一种形式，一个拥有较高人力资本的人对他周围的人会产生更多的有利影响，并提高全社会的生产率，经济的外部性就是由人力资本的溢出效应造成的[75]。1986 年，罗莫提出了经济增长四要素理论，认为经济增长取决于人力资本（以受教育年限衡量）、新思想（用专利衡量）、资本及非技术劳动力，其中以知识（人力资本与新思想）最为重要。他认为：第一，知识能够提高投资收益；第二，知识需要投资；第三，知识与投资存在良性循环的关系，投资促进知识，知识促进投资[76]。同时他指出，与自然资源相比，知识资源处于递增的状态。客观物质和思想之间的各种差别中，最重要的差别就是思想不会短缺，发现思想的过程不会出现收益递减效应（图 4-1）。

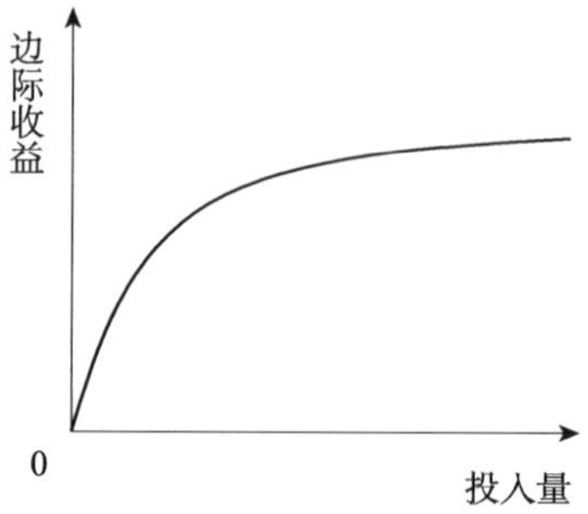

图 4-1　知识要素的边际收益示意图

三、教师教育研究中的知识效能

在教师教育研究中，对教师知识效能的研究是在世界各国教育改革的背景下发展起来的。20 世纪 50 年代以来，世界各国开始关注为本国的教育改革培养合格的高质量的教师，其目的是为国家的安全、国际竞争和经济发展培养大量的知识精英。受传统知识观的影响，人们普遍认为从事实践教学工作的教师只是知识的应用者，是传道、授业的媒介，不生产任何知识。随着研究的深入，教师实践性知识理念逐渐引起了理论与实践界的重视，传统的知识生产观受到了挑战。

在过去 20 多年中，教育界对教师知识的研究非常重视，但不幸的是没有一种研究对“教师知识”给予明确的、令人信服的解释。在教师知识研究的文献中，教师知识的定义有多个角度，每个角度的定义都反映了教师知识某一方面的特征。文献[77]介绍了一些学者的研究。其中，大多数研究者都把教师知识定义为“个人知识”（personal knowledge），这个定义反映了教师知识的唯一性；也有学者将其定义为“实践的智慧”（the wisdom of practice）；较新的一些文献将其定义为“专门职业知识”（professional craft knowledge），用来特指教师实际工作经验中的特质性知识元素；还有一些文献将其定义为“基于知识的行为”（action oriented knowledge），着重强调教师教学实践中与教学内容、背景相关的知识；也有一些文献将其定义为“很大程度上的意会性内容”

(knowledge that is to a great extent “tacit”）或者是“基于经验和反思的东西”(knowledge that is based on reflection and experiences)，着重强调教师知识的不可言传性、实践性和反思性等特征。在大量的文献中，最为常用的术语是“教学的知识基础”(knowledge base for teaching)、“专业知识”(professional knowledge）和“实用知识”(practical knowledge)。

由于对教师知识概念的定义还远未达到共识，对于教师知识类型的划分也并不十分明确。目前学者们对教师知识类型的研究主要集中在基于学科取向的内容性知识和基于实践取向的默会性知识两个层面上。

(1）基于学科取向的内容性知识。持这种观点的主要代表人物有舒尔曼(L. Shulman)、格罗斯曼（P. L. Grossman)、莱因哈特（G. Leinhardt)、科克伦（M. Cochran）等。

舒尔曼认为教师知识由以下七个方面构成：①学科知识，主要指学科的内容知识；②学科教学法知识，指为了促进学生理解而使用类比、图示、演示和解释等方法，有效地表征学科知识；③课程知识，指对教材和教学计划的掌握；④一般教学法知识，指超越于各学科之上的关于课堂管理和组织的广义的原则和策略，即普遍适用于各个学科的教与学的原则和技能；⑤学习者的知识，包括学习者的特征和认知，以及学习者的发展和动机；⑥教育环境的知识；⑦教育的目的、目标和价值的知识。

格罗斯曼认为教师知识主要包括四个方面：一般教学法知识、学科知识、学科教学法知识和情境知识。在这四种类型的知识中，她认为学科知识和学科教学法知识处于中心地位，并与其他两种知识相互作用[78]。

莱因哈特认为教师知识主要有两大方面：学科知识和课堂结构知识。学科知识不仅包括学科概念之间的联系，还包括教师对学生错误类型的理解以及教师对课程的表述。而课堂结构知识则包括教师合理的教学设计、教师顺利地进行课堂教学、从一个阶段自然地过渡到另一个阶段、清晰地解释教学内容所需的技术[79]。

科克伦认为教师知识包括四个方面：学科的知识、教学的知识、学生的知识和环境背景知识。他认为这四个方面构成了教学的内容知识，并强调只有当这四个方面有机地结合起来时，才能有效地组织课堂教学。

(2）基于实践取向的默会性知识。持这种观点的主要代表人物有施瓦布(J. J. Schwab)、舍恩（D. A. Schon)、艾尔贝兹（F. Elbaz)、拉夫（J. M. Love）等。

施瓦布是对教师“实践性知识”进行研究的创始人。1969～1984年，施瓦布提出了“实词结构”（substantive structure）和“句法结构”（syntactic structure）的概念。“实词结构”是指在研究某种学问时所采用的术语结构，以及构成该学问命题化的知识、概念、原理、法则的结构。它与知识的内涵相对应，能够很好地解释为什么同一学科会有不同的学派。“句法结构”是指表现某种学问的认识方法、表达方法和论述方法的修辞“结构”，它与用于表征知识的修辞相对应。“句法结构”的提出，肯定了教师知识结构中的实践技能，说明了为什么对同一个概念或某些深奥的知识经不同的教师讲授，学生会有不同的理解，会有不同的实际效果[80]。

舍恩提出了教师是“反思性实践者”的专有名词，并认为教师的反思具有两种方式：“对行动反思”和“在行动中反思”。前者是对教师已经做的或经历的事件进行反思，后者是在行动过程中，特别是当教师遇到不曾预料的疑难情形时，能够找到一种看待问题或现象的新方法，并产生一种新的理解。这种新的理解的产生，是通过“与情境的对话”，运用经验中培育的“默会知识”对问题反复“重新框定”（reframing），并寻找新的出路的结果。舍恩认为，当教师如此反思时，就会成为实际情境中的研究者，并在这种过程中获得“正式的和严谨的专业知识”，而且这种知识是直觉的，是“默会的”“行动中的知识”[81]。

艾尔贝兹从静态的角度给出了教师知识的基本构成，认为教师以独特的方式拥有由一定的实践情境塑造，也为这一实践情境服务的一种特别的知识——实践知识。她认为实践知识“突出了教师情境的行动和决策取向的属性，并在一定程度上，将教师知识理解为教师对该情境反映的一个函数”。当教师的知识与实践联系起来的时候就成了动态的，而且这种动态的教师知识是直觉的、默会的[82]。

拉夫认为，知识是实践者在对他们所工作的具体环境的回应中发展起来的，教师的工作环境与其回应环境方式的不同则形成了教师知识的不同。基于此，他提出了“情境知识”的概念。也就是说，教师的知识和蕴涵这知识的行为共同组成了他们存在的情境；反过来，这一情境也是形成他们知识的一个不可或缺的部分[83]。

教师知识研究的这种变化与波兰尼所创设的“个体知识”一词及其相关理论具有极其密切的联系。波兰尼提出知识具有个体性和默会性的特征。认为在知识的发现生产过程中，个体性因素不仅是不可避免的，而且也是合理的。同时，不能通过语言进行逻辑的说明、不能以规则的形式加以传递、不能加以批判性地反思的默会性知识同样发挥着极其重要的作用。受波兰尼个体知识理论的影响，教师实践性知识观认为，教师已由“技术熟练者”转为研究者与实践家，他们已成为知识的生产者，他们拥有的知识是实践性知识，具有与传统知识观不同的“实践性”特点：它产生于教学实践，使用的是教师个人的概念、范畴和语言，体现的是教师自身的教育信念；它服务于教师的教学实践，是一种“行动的理论”，用来解释教学中各种现象的合理联系；它开放于教学实践，具有无限的开放性，既开始于实践中的问题，又终结于这些问题，在实践中不断得到修正或证伪[84]。

据此，从教师教育研究的视角看，知识效能实质上就是教师在教学实践过程中生产和应用实践知识的结果，以及这种结果对教育教学活动过程所产生的作用及其影响。这种效能在表面上看似乎只有教育学上的意义，实际上，它同样包含着经济学上的含义。美国经济学家丹尼森（E. F. Denison）曾指出，教育年限的增加和劳动者知识的积累对经济增长的贡献越来越大。教育成果在生产上的应用在决定经济是否增长上起了非常强的制约作用[85]。如果将这一思想延伸到教育领域，那么一个毋庸置疑的认识就是，教育成果的优劣取决于教师知识效能的发挥，而其发挥的程度取决于实践知识的生产和应用。

第二节　基于整合观的大学教师知识效能

基于知识效能研究的视角，通过对知识管理、技术经济和教师教育研究中知识及其类型的划分我们发现，知识管理、技术经济和教师教育研究中的知识虽然视角彼此不同，但三者之间又存在着内在的联系。就大学教师知识活动而言，大学教师知识生产的效能要从知识管理的视角看待，强调出思想、出观点、出样品、出方案；大学教师知识传播效能要从教师教育研究的视角看待，强调出实践知识；大学教师知识应用的效能要从技术经济研究的视角看待，强调知识成果转化为生产力的经济效益和社会效益，这三者统一于大学知识系统的目标。

一、大学教师知识的特点

诚如前述，大学组织目标自然的模糊性，影响和造成了大学教师知识活动目标的多样性。作为学者和专家身份的大学教师是知识的生产者；作为传道、授业、解惑角色的大学教师是一个教育者；作为能够为生产过程提供专业指导工作的大学教师又是一个技术员。大学教师身份的多重性，使其知识活动在内容和过程上具有不同于一般知识工作者的特殊性。

1. 知识活动的内容

在知识活动的内容上，大学教师研究高深学问。“在某种意义上，所谓高深学问只是程度不同。但在另一种意义上，这种程度在教育体系的上层建筑是如此突出，以致使它成为一种不同的性质。教育阶段的顶层所关注的是高深的学问。”[86]即便是纯粹应用的社会服务工作也具有学术性。这种服务不只是专业知识的应用，而且实践应该促进理论的发展。无论是医疗诊断、心理咨询、参与制定公共政策还是建筑设计，都应该具有这种相互促进的性质[87]。

2. 知识活动的过程

在知识活动的过程上看，大学教师的知识具有个体性。其表现在以下四个方面。

（1）默会性。大学教师的显性知识可以通过语言文字表达，但实践知识（隐性知识）一般很难进行明确表述与逻辑说明。

（2）黏滞性。大学教师知识的绝大部分黏滞于其所有者个体身上，不能与个体相分离，个体的消亡即意味着知识的消失。

（3）情境性。大学教师的知识一般都与特定的情境紧密相连，是对特定任务和情境的整体把握，只有依托于特定的情境才能够显现和发挥作用。

（4）潜在价值性。高校教师的知识具有重要的价值，但是这种价值是潜在的。工厂里工人的知识可以直接凝结在产品上转化为价值，大学教师的知识却要通过教学、科研和社会服务等中间环节才能够转化为价值形态。

二、大学教师知识的类型

大学教师知识的高深性和复杂性等特征给知识类型的划分带来了很多困难。当前，在大学教师管理中，绝大多数高校是根据大学职能的划分将大学教师的知识划分为科研的知识、教学的知识和服务的知识三个方面。从知识活动系统分析的角度看，大学教师的知识活动虽然是复杂的，但又是一个复杂的有机整体，强行划分为三个部分，割裂了知识活动之间的联系，使部分叠加无法还原为系统整体。复杂性科学认为，复杂性问题要用整体论和还原论相结合的方法进行研究，美国当代著名教育家博耶（E. L. Boyer）对此进行了有意义的探索[88]。他在深入分析大学教师知识活动特点和规律的基础上，将大学教师的知识划分为探究的知识、综合的知识、应用的知识和教学的知识四类（图 4-2）。

（1）探究的知识。“在学术界，最高的旨就是对知识本身的追求，就是探究的自由，按专业的方式沿着自己的调研前进，而不管它导向何处。”

（2）综合的知识。“就是要建立各个学科间的联系，把专门知识放到更大的背景中去考察，在阐述数据中有所发现，并常常教育非专业人员。”

（3）应用的知识。当知识被发现出来后，应该运用到实践中去。“哲学和

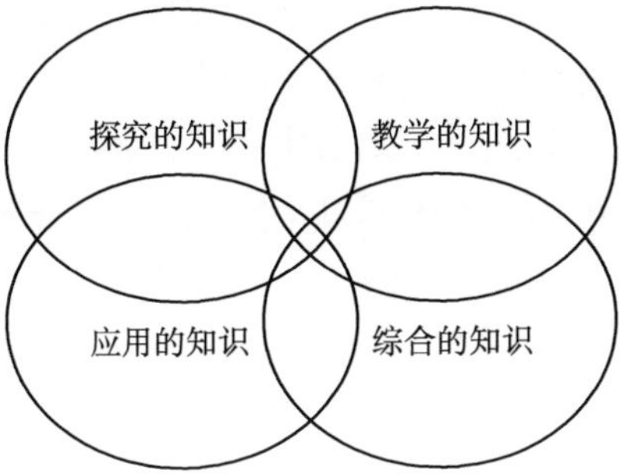

图 4-2　大学教师知识的类型

宗教也可以在学术的应用中变成人的内在洞察力”。

（4）教学的知识，即传播知识。教学的作用就在于传承知识。倘若不存在教学，知识的连续性将中断，人类知识的积累就将大大削弱。

博耶的这种知识分类思想无疑是科学的。它使大学教师知识活动过程中的各种知识及其结果在分类中得以体现，既涵盖了大学教师作为知识生产者和应用者的过程和结果（探究的知识和应用的知识），同时也充分体现了大学教师作为知识传播者和反思者的过程和结果（教学的知识和综合的知识）。而且，博耶强调指出，大学教师的这四种类型的知识活动既相互区别，又彼此有机结合，形成一个整体，不能分割。

三、大学教师知识效能的结构

结构是行为的模式化或模型化。从 ICAS 理论的视角看，大学教师作为适应性主体，知识活动的目标和结果服从和服务于其所属的大学知识系统。大学知识系统在演化发展的过程中，逐渐形成了教学、科研和服务三位一体的职能。作为知识系统内部自组织和系统成员自适应的结果，大学教师的知识活动也从单一的知识传播发展为知识生产、传播和应用的复杂效能结构。

从知识管理的视角看，大学教师从事高深知识的生产、传播和应用活动，是知识创新工作者。首先，大学教师直接从事基础研究、应用研究和技术开发工作，是知识创新的源泉；其次，大学教师培养创新人才，直接影响社会组织的知识创新。从技术经济的视角看，首先，大学教师科研工作所对应的知识创造和知识应用活动将知识转化为生产力，直接表现为经济效益和社会效益；其次，大学教师教学工作所对应的知识储存和知识传播活动，提高了社会的人力资本存量，间接地促进社会生产力的发展。从教师教育的角度看，大学教师知识在教学和科研活动中发挥着极其重要的作用。知识的生产、传播和应用活动都是建立在知识的基础之上，而且，在这一过程中，大学教师还会发展形成自己的个体实践知识（隐性知识），即便是单纯的教学——知识传授工作，也同样生产实践知识。所以，无论是从知识生产、传播还是应用的角度，大学教师在人类社会再生产活动中均发挥着不可或缺的基础元素性作用，这给我们建立基于知识效能的大学教师评价模式提供了理论依据。

大学教师知识效能评价模式主要考查的是大学教师在知识学习的基础上，个体知识活动目标与大学知识活动目标协同之后，在知识活动交换条件机制、资源转换机制、黏着机制、选择交配机制、条件复制机制[68]的作用之下，个体知识活动对大学知识系统产生的功效，它既包括知识劳动的产出率，又包括知识劳动的成效和效果，还包括促使自己和他人正确进行知识活动的能力。依据ICAS理论对主体与系统结构和关系的解释，整合知识管理、技术经济和教师教育研究中对知识及其效能的认识，在大学教师知识类型划分的基础上，大学教师知识效能的类型呈现为如表4-1所示的矩阵型结构。

表4-1　大学教师知识类型与知识效能结构

项目	探究的知识	教学的知识	应用的知识	综合的知识
知识生产	探究知识生产效能	教学知识生产效能	应用知识生产效能	综合知识生产效能
知识传播	探究知识传播效能	教学知识传播效能	应用知识传播效能	综合知识传播效能
知识应用	探究知识应用效能	教学知识应用效能	应用知识应用效能	综合知识应用效能

如表4-1所示，大学教师知识效能是一个复杂的矩阵型结构，从整个大学知识系统的角度看，这些知识效能结构的组合在大学知识系统之中普遍存在，成为大学整体功能发挥的基础结构。在理论意义上，大学教师个体知识活动过程中，知识生产、传播和应用是一个整体，三者之间彼此联系、相互促进。例如，综合的知识本身就是知识生产、传播与应用的综合体现。不过，知识管理、技术经济和教师教育对知识的研究表明，知识具有个体性的特征，因此，作为适应性的结果，大学教师的知识效能会在不同条件下，有不同类型的组合和不同方向的发展。这里我们使用具有横竖两个坐标轴的曲线来表示，其中，X轴（横坐标）代表教师职业生涯按照时间顺序发展的不同阶段；Y轴（纵坐标）代表不同阶段上，知识效能发展的水平。具体的大学教师知识效能结构可有如下几种类型。

1. 单一效能结构型

单一效能结构型的大学教师是指在知识生产、传播、应用活动过程中，某一方面效能的发展极为突出，而其他两方面效能的发展又极为缓慢，随着时间的推移，甚至出现负效能。此种效能结构类型又可分为知识生产效能型（图4-3）、知识传播效能型（图4-4）和知识应用效能型（图4-5）三种。单一效能结构型的大学教师在大学中人数并不多，而且多数人一般都会在自己的领域做出较大的成绩。例如，抗战时期，西南联大的陈寅恪先生，授课晦涩难懂，几乎没有学生能够坚持到课程结束。数学家陈景润的教学效能也不突出。但二者在科研方面的造诣却又是毋庸置疑的。现今的晏才宏和朱森华在科研方面几乎没有什么成就，但是其教学效能是公认的。

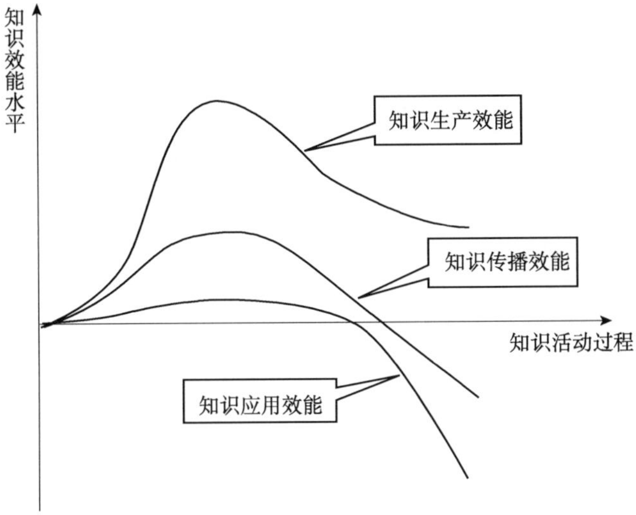

图 4-3　知识生产效能结构型示意图

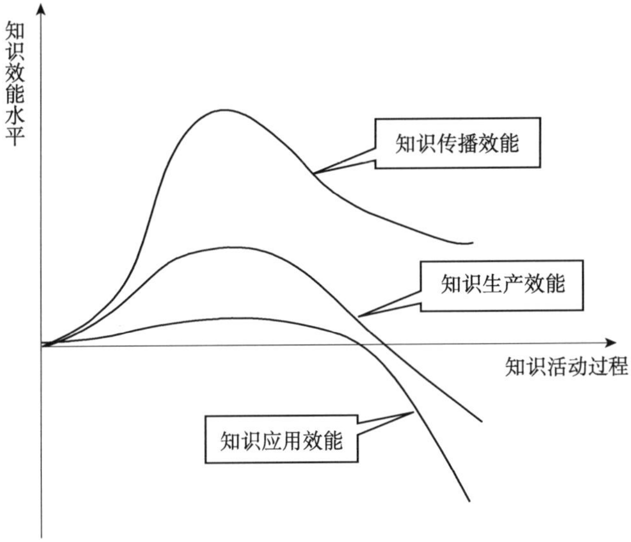

图 4-4　知识传播效能结构型示意图

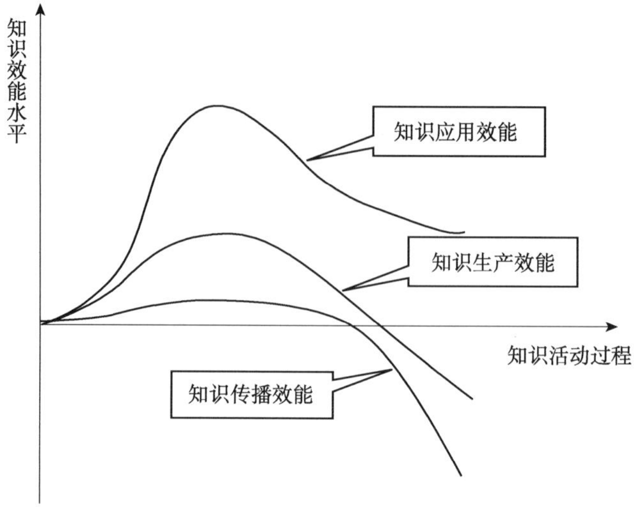

图 4-5　知识应用效能结构型示意图

2. 双效能结构型

双效能结构型的大学教师是指其知识活动过程中，某两个方面的效能高度发展，而其他方面的效能发展相对较缓，甚至效能可能为负的类型。这一类型又可分为生产—传播型/传播—生产型（图 4-6）、生产—应用型/应用—生产型（图 4-7）和传播—应用型/应用—传播型三种（图 4-8）。双效能结构型的大学教师在现实当中数量很多。例如，很多大学教授不但自己能够在科研工作上做出极大的贡献，同时也培养出了一批同他一样，甚至在科研上超过他的学生，如原浙江大学校长竺可桢先生。

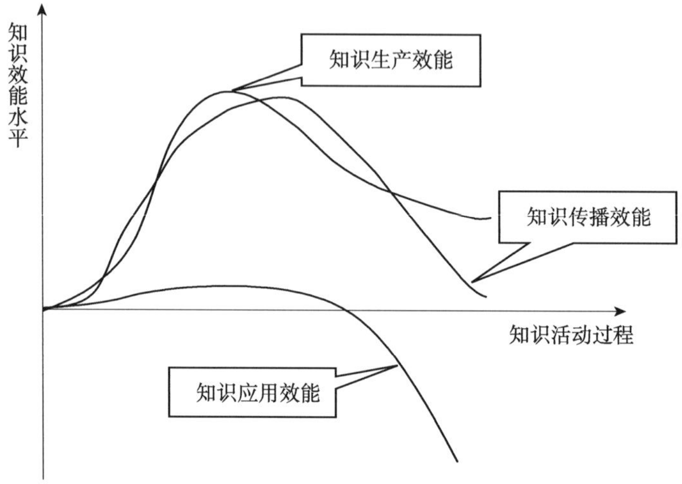

图 4-6　知识生产—传播效能结构型示意图

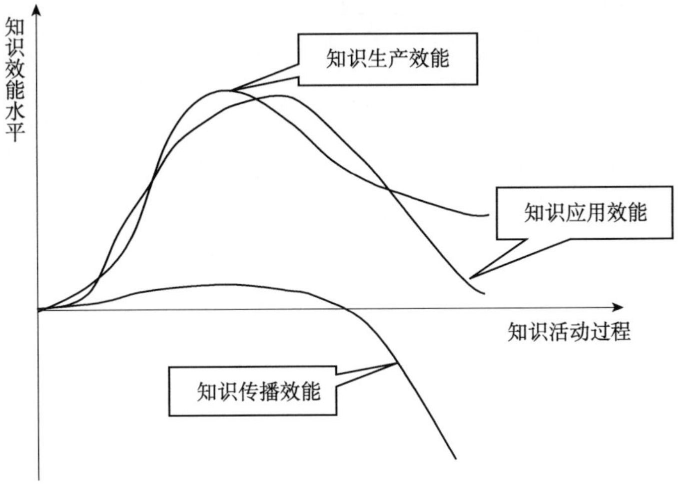

图 4-7　知识生产—应用效能结构型示意图

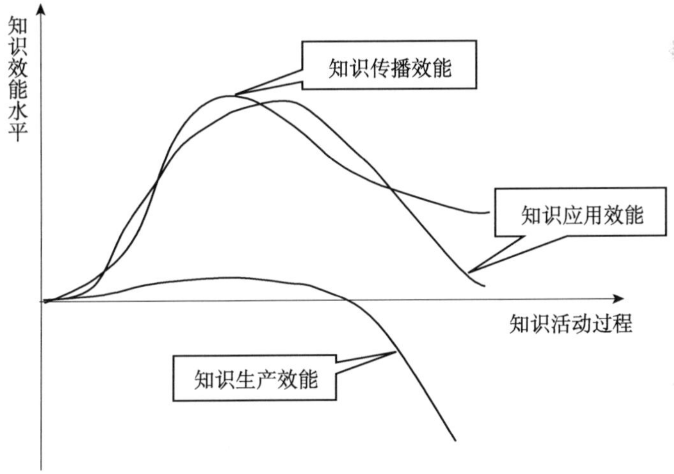

图 4-8　知识传播—应用效能结构型示意图

3. 三效能结构型

三效能结构型，顾名思义也就是指在大学教师知识效能结构中，知识生产、传播与应用三个方面协调发展，彼此之间并无明显的强弱差别（图 4-9）。此种效能结构的大学教师在大学知识系统中的数量很多，他们可以胜任任一岗位的工作，知识活动的适应性较强。他们能够根据所在大学知识系统目标的变化，迅速地对自己的知识活动做出适应性的调整。这也就是我们在现实中所看到的，研究型大学教师的知识生产效能较高，教学型大学教师的知识传播效能较强，而创业型大学教师的知识应用效能较高的原因。此种知识效能型的大学教师在大学中的地位十分重要，充任的是模型维持者的角色。但由于其工作重心较为分散，精力不能完全集中，因此，应对其知识活动的方向进行适当的引导。

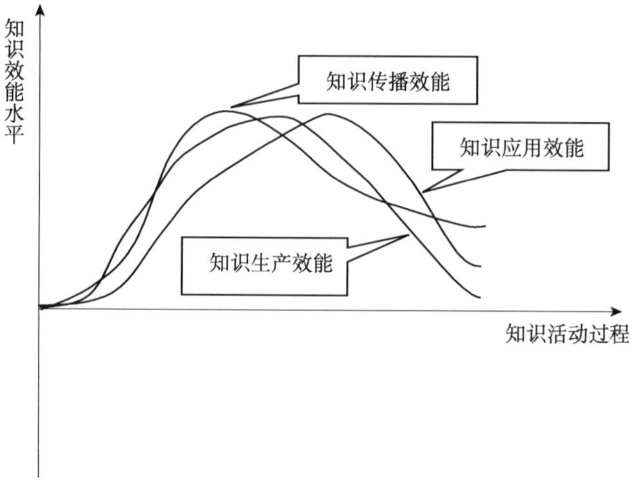

图 4-9　知识生产—传播—应用效能型示意图

综上所述，大学教师三种知识效能结构类型是在理论意义上划分的，是对个体全部的知识活动过程进行分析和考察的结果。在大学教师某一特定的职业生涯期间，其知识活动效能的结构可能会表现出不同于整个职业生涯知识效能结构的特点。同时，大学教师属于特定的大学知识系统，其知识效能结构的特征还会受到大学知识系统及整个社会系统的影响。作为智能型复杂自适应的结果，大学教师知识效能在现实中往往会表现出不确定性的复杂结构特征。

第三节　大学教师知识效能的评价维与评价源

一、大学教师知识效能的评价维

评价维，顾名思义就是评价的维度，是指在评价过程中，评价者做出事实判断和价值判断所依据的信息来源。

1. 知识效能评价的重要性

依前文所述，大学教师个体的知识活动是作为大学知识系统的一部分而存在的，知识效能不能脱离大学知识系统而单独存在，因此其知识效能不仅局限于个体知识活动的显性表征，还体现在其聚集为大学知识系统组织知识活动之后而产生的涌现性。这种时间上的滞后性和空间上的不对称性决定了以结果指标为基础的产出导向评价范式并不全面客观；而以过程指标为基础的行为导向评价范式虽然能够体现大学教师内隐的知识行为和个体特征，但偏离了大学知识系统的目标，不符合ICAS的基本原理。

效能评价着眼于能力、效率、质量和效益四个层面的考查，使产出导向和行为导向两种评价范式之间建立起了结构化的联系，为实现整合量、质和度三个维度考查大学教师知识效能提供了具有可操作性的理论路径。

如表4-2所示，知识效能评价与一般评价原理中所强调的量、质和度三个评价维度之间能够形成错位互补的关系。在量的维度上，知识效能评价着重考查知识活动的效率和效益；在质的维度上，知识效能评价着重考查知识活动的质量和效益；在度的维度上，知识效能着重考查知识活动的能力和质量。知识效能评价有效地协调了单纯侧重某一维度评价可能导致的偏差和错误。同时，这种评价的多维性既符合宏观大学组织知识活动目标的要求，也符合微观大学教师个体知识活动的规律。

表4-2　知识效能评价的考查维度

维度	知识能力	知识效率	知识质量	知识效益
量	×	√	×	√
质	×	×	√	√
度	√	×	√	×

2. 知识效能评价的发展路径

在具体的发展过程中，任何知识效能的产生都会经历一个复杂的知识螺旋，未来的知识效能建立在已有知识效能的基础上。单从大学教师个体知识活动的角度着眼，知识效能量和质的不同组合表现在知识活动的不同发展路径上。从理论上说，这个发展路径主要可以分为三种模式：重质轻量的发展模式（曲线a_1）、重量轻质的发展模式（曲线a_2）、二者兼顾的理想发展模式（直线a）。在同样的知识效能质或量的取值要求下，三种发展模式存在着差距（图4-10）。

在重质轻量的发展模式中，知识效能的边际效用递增，知识量的损失由知识质的增加获得补偿；在重量轻质的发展模式中，知识效能的边际效用递减，知识量的增加以知识质的损失作为代价。因此，从理论意义上来说，二者并无高下之分。不过，“自然界和社会中的一切界限都是有条件的和可变动的，没有任何一种现象不能在一定条件下转化为自己的对立面”[89]。从ICAS原理来看，如果过分强调知识效能的质，那么大学知识系统内部就会由于知识量的匮乏，导致有意义的差异——标志的缺失，系统内部知识流动和周转的速度就会

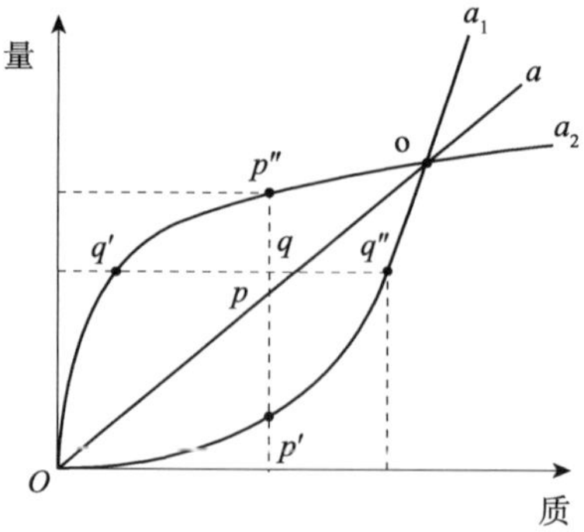

图 4-10　大学教师知识效能发展路线图

降低，进而影响系统演化的进程；如果过分强调知识效能的量，知识系统内部就会增加大量的重复、冗余甚至垃圾信息，不但没有增加有意义的差异，相反还会降低知识识别与转换的效率。列宁说过："在真理面前，只要再多走一步，仿佛是向同一方向迈的一小步，真理便会变成谬误。"[90]知识活动同样符合这一规律。

3. 知识效能评价的量、质和度

本书认为，传统的大学教师评价只注重考查了大学教师知识效能的量和质，没有着重考查二者之间的联系——度。因此，本书提出大学教师知识效能评价维不但要强调知识效能的量和质，更要强调知识效能的度。其理由如下所示。

（1）知识效能度的考查符合知识投入产出的非线性变化规律。知识的投入产出关系是不断变化的，是一个稳定性与突变性交替出现的非线性变化过程。科学计量学的研究表明，科学发展表现在科学成果量上的变化存在"非常时期"的特殊性，在这一时期，科学成果数不但不随科学家人数的增长而增长，反而下降。下降到一定极限后，又开始以新的指数函数形式递增，进入"正常时期"。在"非常时期"的知识劳动似乎是"无效劳动"，但实际上，这些劳动并没有白费，而是以"劳力潜热"的形式贮存起来，结果是其后知识生产率的急剧增长[91]。这一规律提示我们，如果在知识发展的"非常时期"过分强调知识效能量的产出，势必会降低甚至会破坏知识活动潜力的累积，进而影响"正常时期"的知识产出。目前科学研究活动中的种种迹象都表明，世界科学又进入了一个新的"活跃时期"，各种科学指标都以指数的形式不断上升，科学界即将取得会改变人类命运的重大研究成果。在这一时期，引导大学教师适度增加知识成果量的供给是有益的。

（2）知识效能度的考查符合知识成果质量的宝塔式结构。知识成果质量指的是不同质量水平成果之间的比例关系。洛特卡定律的结论是：发表 n 篇论文的作者数与 $1/n^2$ 成正比。普赖斯定律是：科学著作的一半是由那些发表了 10 篇以上论文的科学家完成的。我国科学计量学学者谷兴荣的研究结论是：高分数科学论文在科学家中的分布是，约有 1/3 的论文和少于 1/10 的作者与高分数是相关联的，平均每个作者发表论文 3.5 篇[91]。在本书所做的调查研究中，不同学科、专业大学教师对平均每年能够发表论文理想值的回答中，选择 3～5 篇选项的集中趋势非常明显，这与科学计量学的统计规律具有明显的一致性。这说明，我们不能以高产作者的标准衡量占绝大多数比例单产作者的知识贡献，否则势必会出错。

（3）知识效能度的考查符合知识工作者智力发展的规律。知识活动中，知识工作者的智力水平是决定知识成果产出的核心因素。我国科学计量学家赵红洲先生对科技队伍进行了深入、详细和精确的研究。他发现了科技队伍研究能力随年龄的变化而变化的规律（图 4-11）。

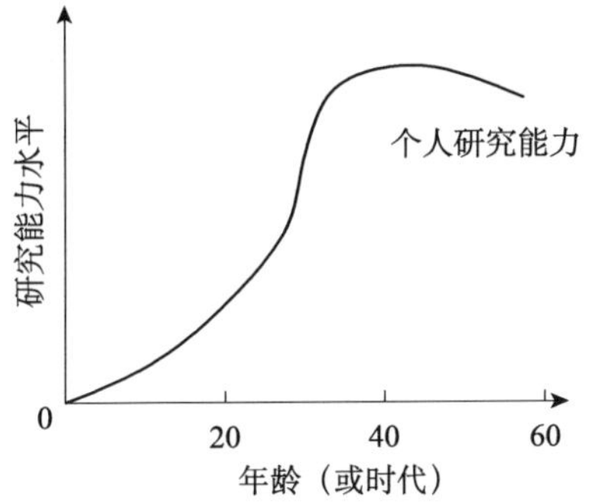

图 4-11　个人研究能力曲线

美国学者莱曼·波特（L. Porter）和我国学者张笛梅的研究结果[92]也都表明，大多数人存在一个创造与成就的最佳年龄区间（图 4-12）。

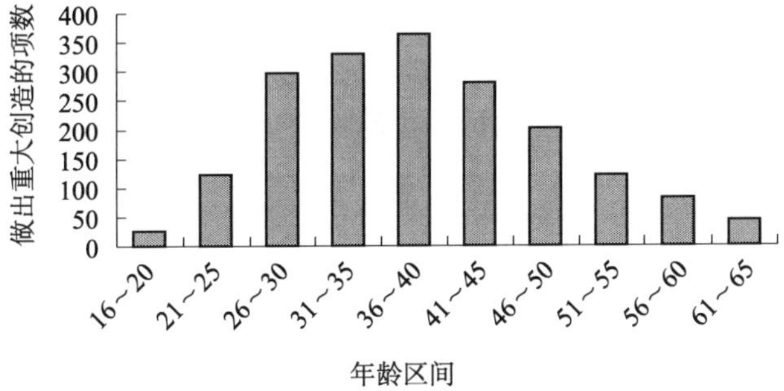

图 4-12　人才成功曲线

上述研究结果给我们很大的启示：个人研究能力与知识成果的产出和人的生理过程同样具有一个诞生、成长、壮年、老年等几个阶段的划分。如果我们对大学教师不同知识活动阶段提出了不符合实际的量与质的要求，即度的规定不合理，那么智力疲劳和学术不端行为的发生是难以避免的。显然，不合理的度的规定超过了大学教师从事知识活动的正常生理和心理承受能力，负担过重。如果一定要达到这种不合理规定提出的目标，只能或者超负荷工作，导致身体累垮，或者弄虚作假，导致学术腐败。

综上所述，本书认为大学教师知识效能评价不但应该注重量和质的测度，更应该强调度的考查。针对不同的学术时期、不同的知识系统、不同的教师队伍，应该分别提出考查学术成果的度的区间，如图 4-10 所示的最低值（p'和q'）区间和最高值（p''和q''）区间。具体评价可以依据实际情况采用两种方式进行：一种是在同样的质量要求下，考查大学教师知识效能量达到或超过理想数量值 p 的程度。如果考查结果的量值变化区间在 p'和p''之间记为正常；如果达不到 p'值为记为不合格；如果超过 p''值要进行特殊考查。另一种是在同样的量值要求下，考查知识效能质达到或超过理想质值 q 的程度。如果质值在 q'和q''之间记为正常；如果达不到 q'值记为不合格；如果超过 q''值就进行特殊考查。具体的考查方法我们将在第七章中探讨。

二、大学教师知识效能的评价源

评价源是指评价者加工处理评价信息的理论框架和价值标准。在评价实践中，评价事实和结果之间往往不同程度地存有偏差和失误，这种差异有时并不是由于评价信息不同造成的，而是由于评价者在加工处理评价信息过程中所使用的理论框架和价值标准造成的。为使大学教师知识效能评价结果更加符合评价目的的要求，应当对大学教师知识效能评价源进行必要的分析和梳理。

1. 异源评价的理论分析

异源评价是指拥有不同评价理论框架和价值标准的评价者，借助不同的评价工具和方法，依据相同的评价信息对被评价对象做出事实判断和价值判断的过程。从理论上讲，不同评价源在相同评价信息的条件下，评价结果应是一致的。但许多研究和实践的结果都表明，不同评价源对同一评价对象的评价结果一致度极低，这不仅是因为不同类型评价源处理信息具有不同的优势，更是因为持有不同评价源的评价者的认知过程和信息处理机制不同[93]。评价源的差异主要表现在评价者对不同评价载体及评价方法的信赖程度之上。大学教师评价中，具有较高可信度的评价方法主要有如下几种。

（1）文献评价法。文献评价法又称文献计量法，主要是以文献为载体，使用统计学方法，通过对编码化的知识进行统计分析，从而对被评价对象进行价值判断的方法。在实践中，此种方法简单易行，结论也较为客观，但缺点是无法实现对无法计量的知识，如隐性知识的评价。

（2）同行评价法。同行评价的英文表述为 peer review。peer 指同资格、同能力的人，review 即鉴定性地或审慎地审阅或检查。同行评价法是使用最早的一种学术成就测度体系，自古希腊时起，同行评价就已经开始使用了。现在，同行评价在学术界，尤其是科研立项及学术论文审核上，仍然是使用最为广泛的一种评价方法。同行评价的优点是不受统计数据的局限，可以充分发挥人的智慧和经验，避免单纯依赖统计数据可能产生的片面性和局限性。不过，同行评价测度体系本身并不是高度可靠的[94]。

（3）自我评价法。自我评价就是被评价者自己主动、自觉地对自己的工作业绩进行评估、反思的一种评价方法。无论是个人的能力和水平，还是产出成果的意义和价值，自己对自己的认识是最清楚的。不过研究表明，自我评价用于工作改进是有效的，而用于晋升或奖励，自我评价往往就会高估[95]。

（4）同事评价法。同事评价就是由被评价者的同事对其工作业绩进行价值判断的方法。同事评价可行性的基础在于：首先，它是同行评价而非外行评价，只有同行之间才真正懂得真正的价值所在；其次，同事关系既是同行，而且又处于同一个知识系统内部，对被评价者了解比较全面。“教师比其他人更清楚地知道谁有资格成为教授。”[96]目前，这种方法在大学教师评价中使用得较多，但是效果并不十分理想。其原因在于，传统奖惩性教师评价体系的制度安排，把本来是合作伙伴关系的同事变成了竞争的对手，致使同事评价出现了一定的局限性。

（5）专家评价法。专家评价就是邀请在某一学科、专业领域学术声誉较高的人，对被评价者做出价值判断的方法。哲学家布鲁贝克（J. S. Brubacher）指出：“在教育阶梯的顶层所关注的是深奥的学问。这些学问或者还处于已知与未知之间的交界处，或者虽然已知，但由于它们过于深奥神秘，常人的才智难以把握。”[86]因此，只有专家才能胜任这一任务。专家可分为校内专家和校外专家两种，对于结果可能会对被评价者产生重大影响的评价，往往采用校外专家的方式。具体操作过程是，将教师的业绩成果送校外数名有影响力的专家，校外专家根据送交的材料，对教师工作的业绩属于何种等级做出评判。专家评价与同行评价在本质上是一致的，难以避免人类行为固有的弱点和偏见，因此专家评价对专家本人的素质要求很高。

（6）学生评价法。学生评价包含两个层面的含义：一个层面是对学生做出的评价，也就是把学生作为评价对象的评价；另一个层面是学生所做的评价，也就是学生作为评价者对教师所进行的评价，这一层面的评价又被称为学生评教。

在第一个层面上，由于大学生是大学的主要“产品”之一，因此大学生培养质量的好坏是大学教师工作业绩的主要指标之一。不过，评价大学生也是对人的评价，教师对其所起的作用是复杂和不确定的，因此往往只能使用学业成绩、态度变化等特征做出判断。不过，影响这些特征发生变化的因素是复杂的，单纯将其归结为教师的工作业绩是站不住脚的。

在第二个层面上，也就是学生评教，这种方法的理论依据是，学生作为受教育者，是教师教学活动的直接载体，因此他们最有权力也最能客观地评价一位教师的教学（授课）水平。不过，相关的研究表明，学生评教结果的可靠性和有效性仍然存在很多局限。理由一方面是对学生评价能力的认识，许多研究认为，学生对知识的认识能力还相对较弱，同时学生也缺乏评价所需的相关技能和知识；另一方面是对学生品格方面的担忧，害怕学生在评价中过多渗入个人情感因素，导致评价结果失真。

2. 异源评价结果差异性的成因

分析不同评价源的利弊和适用的范围，有利于我们根据大学教师知识效能评价的目的和评价情景，选择合适的评价源以及对评价源进行适当的组合。研究表明，评价依据的信息类型差异，以及认知倾向和主导动机不同，使不同知识效能评价源适用的范围也不同（表 4-3）。

表 4-3　异源评价结果差异性的原因

评价源	信息类型	认知倾向	主导动机	适用范围
文献评价	结果	强调显性知识	量化动机	知识生产/应用
同行评价	结果/过程	强调显性知识/隐性知识	友谊/挑剔动机	知识生产/应用/传播
自我评价	行为	强调实践知识	自我提升动机	知识生产/应用/传播
同事评价	过程/结果	强调隐性知识/实践知识	友谊/提升动机	知识生产/应用/传播
专家评价	结果/过程	强调显性知识/隐性知识	挑剔动机	知识生产/应用/传播
学生评价	行为	强调实践知识	不明确	知识传播

从评价依据的信息类型角度看，文献评价注重的是结果，评价主要依靠知识效能结果方面的信息；同行评价既强调用结果方面的信息，也强调用过程方面的信息做出评价；自我评价更倾向于用个体行为方面的信息来对自己做出评价；同事由于处在相同的环境中，知识效能的结果也可能存在很大的相似性，因此同事评价往往会依据过程和结果两个方面的信息做出评价；专家评价与同

行评价基本相似，既注重结果也注重过程，但这里的专家评价更准确地说应该是同行专家评价，如果专家不是本领域内的，那么这种评价只能是对结果与过程形式上的评价，不能深入到知识活动的内部；学生评价注重的是行为，评价主要依靠的是教师的个人行为，学生往往依据教师的行为表现做出自己的评价。

从评价的认知倾向和主导动机的角度看，文献评价强调的是显性知识，可以精确量化，是一种客观的评价；同行评价既强调显性知识也强调隐性知识，但由于受主导动机的影响，评价难以避免学术圈子、马太效应等人类固有的缺陷，是一种主观的评价；自我评价在理论意义上对知识信息掌握得最为全面，但易受自我提升动机的支配，往往会夸大自己实践知识的作用，也是一种主观评价；同事评价由于工作内容相近，彼此关系较为熟悉，因此，更强调隐性知识和实践知识，但由于受友谊或提升主导动机的支配，难以避免人类固有的缺陷，也是一种主观的评价；专家评价既强调显性知识也强调隐性知识，但由于受身份与地位的影响，往往眼光会过于挑剔，也难以避免人类固有的缺陷，是一种主观评价；学生评价由于其知识和能力的限制，往往会受首因效应、晕轮效应等社会知觉效应的影响，会更多地强调教师的实践知识，做出评价的动机也不十分明确，是一种主观评价。从适用范围的角度看，文献评价对知识生产和知识应用的评价比较客观合理；同行评价、自我评价和同事评价理论上均适用于知识生产、应用和传播，但本身都存在难以克服的人类固有的缺陷；专家评价同样存在人类固有的缺陷，但是如果在专家选择和程序设置上科学合理，评价结果的科学性也是较高的；学生评价一般来说只适用于知识传播。

三、知识效能评价维与评价源的组合

根据对异源评价的比较和分析可知，不同评价源都存在一个测度的有效性维度。理论上，增加评价源可以提高评价结果的信度和效度。但是，在实际的操作过程中，过多的评价源反而会引起混乱，造成评价结果失真。因此，在评价过程中应以一个评价源为主导，其他评价源对其起辅助和调控的作用。根据大学教师知识效能评价量、质和度三个维度测度的不同需要，本书选择文献评价、同行评价和学生评价作为三个主要的评价源，同时，在分析这三种评价源各自优势和不足的基础上，根据知识生产、传播和应用效能测度的不同侧重点，对这三种评价源进行相应的组合。

1. 文献评价的优势和不足

当前，随着 SCI、SSCI，以及国内 CSSCI、CNKI 等文献数据库的出现和发展，基于文献计量所开发出的各种评价方法日臻完善。文献评价的最大优势是其客观性，在具有可比较性的数据统计结果面前，同行评价难以避免的偏见、人情等主观因素将能够得到有效的控制。不过，无法准确地评价质量以及实现不同价值类型的综合集成，这是各种文献评价方法所存在的最大问题。

(1) 个体文献量和个体知识量之间并非是成正比的直线关系，两者的增长并不同步，也没有一定的比例关系。例如，一篇高质量的论文和 10 篇甚至更多的大众化文章的学术价值是无法用直接简单加总的方式来评价的。“谁敢把爱因斯坦关于相对论的一篇论文与物理学博士约翰·多依关于下巴苏陀兰森林中各种木材的弹性测量的一百篇论文画等号。”[97] 20 世纪 70 年代，全世界发表的文献总量不仅多于前 60 年的总和，而且多于 70 年代以前整个人类社会累积的文献总量，出现了“知识爆炸”的现象。但是，在这些“爆炸式”激增的文献当中蕴涵的新知识和新信息量远不如其文本量那么惊人[98]。单从文献量的角度考查，70 年代之后的一个普通科研工作者，其所发表的文献数量可能远远高于历史上著名的科学家。

(2) 人是能动的动物，如果我们将知识产出物的数量作为一项测度指标，人们就会调整自己的行为，不断地发表更多的文章或专著。从理论意义上说，这本身并不是坏事，但是事物都有其自身的合适量度，并且最终都有不可避免的局限性，一旦超越了这种限制，必定会出错。例如，有些人将一篇文章拆开几个部分发表，用一种方法和框架，研究相同或相似的问题等（参见本书第一章）。不过，我们应该清楚地看到，当前，学术界对学术评价量化模式的批评，其实质并不是量化模式本身，而是对量化方法错误使用的批评。马克思曾经说过：“一门科学只有当它达到了能够成功地运用数学时，才算真正发展了。”[99] 如果对评价指标定性科学准确，量化方法使用恰当，这些问题是完全可以避免的。因此，对大学教师知识量进行测度，必须认真处理好知识量和文献量之间的关系。

最后，文献量的统计只有建立在质的基础上才具有可比较的客观性。当前，文献计量分析的方法尚难以实现对文献质的客观评价。例如，在科研成果质量评价上，基于文献计量的引文分析法对学术成果质量的评价功能仍然是不可靠的。再者，大学教师的工作内容是复杂的，评价需要对科研、教学和服务工作的业绩进行综合集成，这三种工作的性质不同，评价标准也不同，不能简单地去量纲化处理和加总。

2. 同行评价的优势和不足

在文献评价出现之前，学术评价的主要方法就是同行评价。较之文献评价，同行评价的最大优势是在不使用任何其他辅助工具的情况下，单纯依赖同行专家也能够形成较为准确的评价。不过，同行评价最大的问题是评价结果缺乏客观性。

（1）同行评价具有难以克服的黑箱性和主观性特征。1986 年，美国西格马克西学会曾调查了近 4100 名科学家，结果 63%的人认为，“许多申请项目获得资助，主要是因为这些申请者已为资助机构所熟知和已受过其资助”[100]。1975 年美国国家科学基金会（Foundation of United States，NSF）同行评价的调查认为，同行评价是一个由“老朋友”关系网所主导的“精英分子系统”[101]。我国学者也指出，在我们这个“人情超级大国，人情关系网是同行评价制必须超越又难以超越的一道坎”[102]。2003 年 5 月，科技部联合五部委颁布的《关于改进科学技术评价工作的决定》，列数了我国科技评价中存在的主要问题，其中“重人情、拉关系、本位主义等现象，影响了评价工作的客观性与公正性”被列在突出的位置[103]。究其深层原因，虽然人情关系导致的结果可能是出于信任的原因，但是个人偏见、利益冲突及个人道德等因素也难免会渗入其中，因此，在一定程度上，人情关系会在同行评价中起腐蚀的作用。

（2）同行评价难以避免马太效应。科学的社会建制应遵循普遍主义原则，即根据学术成果的数量和质量分配“承认”，学者个人的社会属性不应该对“承认”的分配产生影响。默顿（R. Merton）曾指出，当科学家具有特别的身份和关系时，将得到超过根据其论著数量和质量而应得到的奖励；即使成就相似，相对于那些不知名的研究者，声名显赫的科学家通常得到更多的声望。在英国科学史上，著名物理学家瑞利（L. Rayleigh）在一次投稿时忘记了签名，同行评价认为文章没有水平，缺乏新意。后来，瑞利签上了名又寄了出去，同行评价的结果却非常好。“社会学家们在调查中发现，有的不出名的科学家的论文用知名科学家的名字发表，以便得到发表的机会和引起科学界的注意。”[104]原武汉市科学技术委员会［现武汉市科学技术局（市知识产权局）］曾做过一项关于获奖成果和被鉴定专家个人特征之间的关系调查（表 4-4）。

表 4-4 获奖成果与非获奖成果的专家个人特征相关系数表

项目	x_1	x_2	x_3	x_4	x_5	x_6	x_7
获奖	0.322	0.197	0.299	0.396	0.387	0.315	0.296
未获奖	0.319	0.737	0.324	0.339	0.364	0.110	0.026

注：x_1，专家的年龄；x_2，科学职称；x_3，科研论著；x_4，科研论文或课题；x_5，论文或课题的获奖；x_6，科研产品；x_7，科研产品的获奖。

调查结果显示，获奖成果组鉴定专家的个人特征具有明显优势，他们的年龄、职称、科研能力与成果鉴定活动次数的相关系数，大于没有获奖组的鉴定专家的个人特征。这说明，在科技成果鉴定中，被鉴定专家的年龄越大，学术职称越高，科研能力越强，所鉴定的成果越有可能获得科学奖励，而另一些没有获得这种有利条件的鉴定成果，其科研水平和前者不相上下甚至略高[105]。这也就是说，学术界的专家也避免不了马太效应的影响。

（3）同行是一种稀缺资源，真正的同行难以寻找。同行评价本身的目的就是要让掌握专业知识、熟悉该领域文献资料和发展动向的专家，对评价对象的知识水平做出正确的判断。不过，当今世界知识发展的速度、知识更新的频率、学科综合与分化的程度远远超出了我们所能估计的范围，即便是处于相同学科领域，不同研究方向的知识工作者之间也存在很多沟通的障碍，真正能够把握他人知识水平与价值的专家越来越少。

（4）同行评价难以避免随机事件的发生。1981 年，美国的史蒂芬・科尔（S. Cole）把 NSF 评审过的经费申请书交给另一组同样合格的评价人审查，两组评价人对同一份申请书的打分结果相差很大，NSF 同意资助的许多项目，反而被否决了，一些被 NSF 否决的项目，反而获得了很多好评[100]。这说明，同行评价带有很大的随机性。史蒂芬・科尔和乔纳森・科尔（J. Cole）对 NSF 同行评价所做的研究表明，评估时，大约一半是看申请研究项目的性质以及课题负责人的声誉，另一半则取决于其他（或许是随意的）因素[106]。

3. 学生评教的优势和不足

学生评教是高等教育中的一个古老议题。自从 1914 年美国华盛顿大学设计完成了第一份充满争议的学生评教表格以后，围绕学生评教的科学性、可行性和有效性，高等教育界的争论一直没有停止过。

从理论上说，学生评教用于评价大学教师的知识传播效能与其他同类评价源并无特别的优势，但从大学知识系统适应环境的视角上看，学生评教具有的价值和意义较大。

（1）学生评教的评价成本较低。20 世纪 80 年代以来，新公共管理“改造政府”“改造企业”的行动产生了强烈的“政策外溢性”，“改造大学”的呼声不断膨胀。社会开始更加关注高等教育的“生产力”，要求高等教育机构提高教育活动的效率及效能，以最少的投入获得最大的产出。在教学评价上，较之课堂观察、专家评估、自我评价等方法，学生评教成本低，经济易行，而且还具有经常性和连续性的特点，具有十分明显的评估成本优势。

（2）学生评教凸显了学生的主体地位。20 世纪 80 年代以来，学生在大学中的主体性地位日益提升，大学施行学生评教制度，使学生获得了评价教育者（教师）的话语权，回应了社会要求高校重视学生主体地位的诉求。实践表明，高校引入学生评教制度，不仅使教师更加重视学生在课堂教学中的学习权利，而且也大大提高了学生在学习过程中的积极性和主动性。相关的研究显示，大学生对学生评教制度普遍持支持的态度[107]。

(3) 学生评教客观上促进了教师教学效果的提升。20 世纪 70 年代以来，在社会问责“证据文化”“审查文化”的影响之下，大学是“圣域”或“私域”的观念已被打破，人们对于大学教师也不再怀有敬意，而只将其视为一种职业。在高校教学效果评估中，比较各种方法，学生评教最容易为社会公众认可与接收。相关的实证研究[108]也表明，对于那些自我评价明显高于学生评价的教师，学生评价的结果对他们的备课、利用课堂时间、教学要点总结及学生考试成绩等方面的影响是十分明显的。

从评价源适切性的角度上看，学生评教的不足之处主要体现在两个方面。

首先，学生的评价能力是有限的。评价是一项专业性很强的活动，它除要求评价者掌握与评价活动相关的知识和技能之外，还要求评价者具有良好的道德和公正客观的态度。一方面，学生搜集和处理教学评价信息的能力是有限的。高校的教学安排和教学过程是基于整个学生群体设计的，而学生主要是从个人的价值观出发去搜集和处理评价信息的，这种基于不完整信息而做出的评价很难做到公正客观。另一方面，学生在评价过程中很难保证良好的道德和公正客观的态度。在教育评价最发达的美国，教育评价伦理规范对评教者提出了如下要求：尊重评价对象的人格；维护评价对象的利益；保护评价对象的隐私权；满足不同评价对象的需要；避免对评价对象的伤害；防止评价人员的各种偏见；保持评价人员的诚实；保证评价人员的专业素质；杜绝评价结果的误用和滥用等[109]。这些规定对于专业评价人员也是难以完全做到的，对于涉世未深的大学生而言显然是力不从心的。

其次，学生评教的干扰因素复杂。这些因素归纳起来可以分为四个方面：一是与教师背景有关的因素，包括教师的职称、个性特征、表达力等；二是与学生背景有关的因素，包括学生选课的动机、预期的成绩，以及学生对教师的期望等；三是与课程背景有关的因素，包括班级的规模、课程的学科属性、课程的性质（必修和选修）、开课学年等；四是与评价管理有关的因素，包括匿名还是署名评价、教师是否在场、评价结果的用途等。马什和邓肯、森特和克里奇、费尔德曼等人的研究表明，上述因素都会对学生评教的结果产生不同程度的影响[110]。在实际的评价中，如果不将这些因素的影响剔除，而直接将学生评教的结果用于对教师教学效能的认定，其结果的合理性也是存在质疑的。

4. 评价维与评价源的组合

没有任何一种评价源是完美无缺的，文献评价、同行评价和学生评教三种评价源各有其优势和不足。诚如前述，评价并非是价值中立的，社会的意识形态、政治、心理等因素同样对评价起着重要的作用。作为一种理论框架和价值标准的评价源，对其使用合理性的探讨，还应更多地从社会合法性的角度进行。

从社会学的视角来看，合法性主要源于法律、道德和文化三个不同层面上所获得的认可与接受，其中，文化层面上的认可与接受是最为持久和稳固的。当前，在大学教师评价实践中，文献评价、同行评价和学生评教这三种评价源已经成为大学评价文化的一部分，放弃这些已经得到大多数人认可的评价源而另辟蹊径使用未经更多实践检验过的评价源，并非是一种聪明之举。事实上，任何一种评价体系都会有其天然的缺陷，问题在于我们在什么意义上使用它们，只要我们将其使用在有效的适用范围之内，它们就能够发挥出应有的功效[111]。依据前文所做的分析，不同的评价源都有其适用的评价维度，在没有找到更好的评价源之前，我们可以对其进行合理的组合而达到扬长避短的目的。本书依据知识生产、知识传播和知识应用效能评价在量、质和度三个不同维度上的需要，对这三种评价源进行组合（表 4-5）。

表 4-5　大学教师知识效能评价源组合表

维度	知识生产	知识传播	知识应用
量	文献评价	学生评教	文献评价
质	文献评价/同行专家评价	学生评价/同行专家评价	文献评价/同行专家评价
度	同行专家评价	同行专家评价	同行专家评价

上述评价源组合的理论根据有两个方面：一方面是大学教师知识效能评价要以大学知识系统的共同目标为导向。由于当前大学评价源取向主要是文献评价、同行评价和学生评教三种，因此对大学教师知识效能的评价同样要重视这三种评价源。另一方面是这三种评价源均有各自的优势和不足之处，将其进行组合使用，能够比较有效地取长补短。

在知识生产和知识应用效能（科研）评价上，选择以文献评价为主和以同行专家评价为辅的评价源组合。这一组合的理由在于，虽然文献评价具有很大的局限性，但目前知识最重要的载体仍然是文献，而且文献计量学和科学计量学已经开发出了很多完备的文献评价方法与模型，可以在很大程度上实现对大学教师知识效能量和质的评价。同时，需要注意的是，不可过分依赖文献评价的结果，在量的基础上，要辅以同行专家评价，用以控制合理的质与度。

在知识传播效能（教学）评价上，选择以学生评价为主和以同行专家评价为辅的评价源组合。虽然学生评价长时期以来一直是“赞成”和“反对”的声音各半，但是，从知识传播和接受的角度看，学生评价最直接，同时也最符合来自大学知识系统外部环境的要求。美国学者奥弗拉尔（J. U. Overall）和马什（H. W. Marsh）在一项跟踪研究中，要求同样的学生分别在课程结束时和几年后（至少是毕业一年）对教学做出评价。100门课程结束时的评价与回顾性评价之间有较好的一致性。这表明学生评价的效度是比较高的。在美国、加拿大等西方国家，高校都比较重视学生对教师的评价[96]。“学生毕竟是大学存在的理由。”[112]因此，高校应该给予学生对教师的评价足够的重视。但是，让学生来评价大学教师的教学工作是合理、有效的，而评价大学教师的科研工作，学生的知识水平和能力显然不足以胜任。因此，在知识传播量的维度上，我们选择学生评价作为主导评价源，在质和度的维度上，辅以同行专家评议。许多相关的研究也已证明，当学生评价和同行专家评价相结合使用时，教师教学效能提高的水平和程度比较高。

第五章 大学教师知识效能评价指标体系的设计

一切科学上的最伟大的发现，几乎都来自精确的量度。 ——瑞利

不确定性知识加上所含不确定性量度的知识等于可用的知识。

——C. R. 劳

指标是由名称和数值构成的反映某种现象的特定概念和具体数值。从评价学的观点来看，指标是一种具体的、可测量的、行为化的评价准则，是根据可测或可观察的要求而确定的评价内容[113]。其中，指标名称反映现象质的规定性，即现象本质最重要的一个侧面，数值是通过调查或统计工作所获得的反映指标量的规定性的具体数字，因此指标是质与量的结合和统一。由于指标是对现实中某一社会现象某一侧面的抽象和概括，所以，要全面反映某一社会现象，必须选择若干个指标，建立一个指标体系，才能够反映社会现象多方面、错综复杂的内容结构特征。

第一节 指标体系设计的一般理论

一、指标的含义与类型

1. 指标的含义

（1）指标具有主观性的含义。指标的选择和数值的测定都是由人进行的，因人而异的理论、思想、认识、偏好、态度、经验等主观因素渗入到指标生成和测量过程中就会产生差异性。因此，选择指标和建立指标体系应尽量减少人的主观因素，这对于最终评价结果的可靠性和有效性具有十分重要的意义。

（2）指标具有客观性的含义。指标的生成和测量虽然是人为的过程，但指标所反映和描述的现象是客观存在的，即指标指示值和所标示的现象之间具有客观的一致性。虽然指标不会完全与现实情况相一致，但一致性却是一种客观趋势和规律。

（3）指标具有相对性的含义。指标的相对性含义包含两个方面。一是指标所要标示和反映的现象之间的关系是相对的。如果指标概念是科学的，那么指

标的具体量值就能够有效和可靠地反映现象的本质特征。如果指标概念不科学，指标的具体量值即使再准确，也不能够反映现象的本质特征。因此，在指标体系中，指标的科学性是根本，指标量值的准确性是关键。二是依据指标获得的评价结果是相对的，也就是评价结果往往只具有某种程度的参考意义。因为社会现象的内容和结构异常丰富，虽然符合社会规律和特点的评价指标对社会现象的反映也具有一致性，但是获得绝对客观精确的评价结果是不可能的。

2. 指标的类型

按照指标所反映社会现象的特征，指标可以划分为客观指标和主观指标两种。客观指标是指反映现象数量特征的指标，如基础条件、学历、出版物、授课学时等。主观指标是指反映人们对客观现象的主观感受的指标，如专注程度、态度、兴趣等主观感受。需要指出的是，客观指标和主观指标同样具有主观性和客观性。正确地处理和使用客观指标和主观指标，对于评价工作具有十分重要的意义。

按照指标所反映社会现象的性质，可以将指标划分为描述性指标和评价性指标。描述性指标是指对社会现象进行事实判断的指标。一般来说，一个描述性指标只反映现象的一个侧面，而且每一个描述性指标的计量单位可能是不同的，不能将它们简单加总来描述现象的本质特征。评价性指标又称分析性指标或诊断性指标，它是用来反映社会现象在不同层面上利弊得失的指标。评价性指标一般都是以某种理论为基础，在对描述性指标进行比较或计算的前提下，对社会现象总体做出综合的价值判断的过程。

二、指标体系的构成要求

社会现象是不确定的，指标也是存在误差的，因此，绝对有效和可靠的指标是不存在的，指标的有效性和可靠性都是在一定的概率意义上而言的。在使用各类指标之前，必须对指标的适用范围及指标值的有效性和可靠性做出估计，以决定在什么范围内使用，以及在什么意义上使用这些指标，这就要求我们既要相信指标的可靠性和有效性，同时也必须考虑到指标必然存在一定的误差。

由于不同的指标所反映的都是社会现象的不同侧面，没有任何一种指标能够反映现象的全部特征和性质，所以，从认识现象全面性的角度来看，建立一个指标体系才能更加准确地评价社会现象。一般来说，指标体系是由各种主观性指标、客观性指标、描述性指标和评价性指标综合构成的指标群。指标越多，反映现象的侧面也就越多，对现象的认识也就越全面。但是，当指标达到一定的数量时，继续增加指标，并不一定意味着信息量的增多，而且，大量的指标不但给统计和整理工作带来了难度，还会使不同指标所携带的相同信息被多次重复计算，如果这些被重复计算的信息没有被有效删除，就会影响评价者的综合分析和判断能力，从而降低指标的解释效力。因此，指标体系的建立并不意味着指标越多越好，相反，少而精的指标体系的可靠性和有效性更强。但是，建立指标体系也不能一味强调精简，当增加指标能够提供新的、有效的评价信息时，那么指标再多也应该继续增加；相反，当增加指标并不能提供更多的有效信息时，指标再少也不应该增加。

三、知识效能指标体系的特征

知识效能评价是在ICAS理论的基础上，将基于产出导向和基于行为导向的两种大学教师评价范式整合起来的新模式。这一新模式要求评价指标体系必须把评价大学教师个体知识活动的指标和评价大学组织知识活动的指标联系起来，因此这一评价指标体系需要具有协同的整合性特征。

根据ICAS理论的一般原理可知，获得关于大学教师个体全部知识活动的本质特征的信息，并不是大学教师知识效能评价的主要目的，其主要目的是，根据这些信息做出大学教师个体知识活动是否符合大学知识系统要求的价值判断。诚如前述，大学教师的个体知识效能不能脱离大学组织的整体知识效能而存在，把大学教师孤立地从一个知识系统中抽象出来，并不能够揭示其知识活动本质的、整体的特征。因此，大学教师知识效能评价指标并不以解析大学教师知识活动的个体特征，以及反映大学教师的全部知识效能为根本目的，而是更加侧重于根据大学知识系统的共同需要和目标来构建指标体系。不过应该注意的是，大学组织的价值取向是多层次的、多维度的，同时，评价又是一个明确的价值过程，是评价者和被评价者之间价值关系的反映，因此协同和整合大学教师个体知识活动的目标和大学组织知识活动的目标并不是一件容易的工作。虽然，这种设计思路的确抓住和把握了建构这一指标体系的主旨，但是，由于知识活动的复杂性，有时，一些新的指标并不能完全抓住现实问题的本质，甚至还可能会导致不同程度的曲解。所以，在大学教师知识效能评价指标体系设计的过程中，需要在ICAS理论的指导下，对大学知识效能的载体进行仔细分析，只有在继承和修缮原有大学教师评价指标体系的基础上，才能在纷繁芜杂的载体和指标中选择出恰当的指标，建立科学合理的评价指标体系。

第二节　知识效能评价指标体系设计的基本原则

大学知识系统目标的模糊性，决定了作为适应性主体的大学教师的知识效能结构也具有复杂多样的类型组合。因此，大学教师知识效能评价是一个多指标综合的评价体系，设计这个指标体系应该遵循如下几个基本原则。

一、显性指标和隐性指标相结合的原则

知识效能是一个非结构化的概念，它本身是多侧面的，是一个包含着复杂内在关联性的活动和过程，其中一部分效能会以显性知识的形式表现出来，而另一部分效能可能会以隐性知识的形式发挥作用。因此，我们要把显性指标和隐性指标结合起来进行考查。显性指标和隐性指标相结合的原则，并不是要求分别搞一套测度大学教师显性知识效能和隐性知识效能的指标体系，然后再进行简单的线性加总，这样做实际上就又回到了传统大学教师评价的老路上了。显性指标和隐性指标相结合，主要是指在 ICAS 原理的基础上，用整体观看待显性知识和隐性知识的效能，在显性知识指标和隐性知识指标之间建立起结构化的联系，选择既能反映显性知识效能又能反映隐性知识效能的指标来建构指标体系。

二、定性指标和定量指标相结合的原则

任何系统都具有定性和定量两个方面的特征，定性特征决定定量特征，定量特征表现定性特征。大学教师知识效能评价指标同样具有定性和定量两个方面的含义。评价指标如果只有定性描述没有定量描述，那么我们对知识效能本质的把握就难以深入准确；如果只有定量描述没有定性描述，那么无论指标值多么精确漂亮，都是没有用处的，甚至还可能会把认识引向歧途。即便是最定量化的学科，至少它的基本假设也是定性思考的结果[114]。定性指标和定量指标相结合的原则，是指在大学教师知识效能评价指标体系构建的过程中，我们一方面要依据 ICAS 原理对反映大学教师知识效能不同侧面的评价指标先有一个基本的定性认识，然后再用定量特征将其精确化地描述出来；另一方面是指标被精确化地描述出来之后，还要对统计量值进行更进一步的定性认识。只有这样指标才能更加完整地提供对大学教师知识效能的解释力。

三、微观指标和宏观指标相结合的原则

大学教师知识效能评价的主要目的不是获得关于大学教师个体知识活动效

能的全部信息，而是要考查大学教师个体知识效能作用于整个大学知识系统所产生的作用和成效。钱学森先生曾指出，要重视系统行为对环境的影响，要把系统运行与保护环境结合起来进行考虑[114]。从ICAS原理看来，作为智能型复杂自适应性主体的大学教师的知识活动本身也是一个系统，其所属大学组织的整体知识活动就是其所处的环境。如果把大学教师孤立地从其所处的知识系统中抽象出来进行评价，并不能够揭示其知识效能本质的、整体的特征，而且这样做的结果还可能会破坏其所处的环境——大学知识系统。因此，从系统与环境关系的角度看，大学教师知识效能评价的微观指标还要和大学知识系统评价的宏观指标相结合。不过我们要强调的是，这种结合并不是指要用大学评价指标取代大学教师的评价指标，而是要在深入分析大学教师知识活动特点和规律的基础上，厘清大学教师知识效能与大学知识系统属性之间所形成的价值关系，解析不同类型主体知识效能在这个价值形成过程中的地位和作用，进而选择相适应的指标来构建指标体系。因此，在一定意义上说，建构大学教师知识效能评价指标体系的目的并不着重于考查大学教师的知识效能全貌，而是侧重于考查其知识效能符合大学知识系统需要的程度。

第三节　大学教师知识效能评价指标的来源

一、知识效能指标与传统评价指标的关系

建构大学教师知识效能评价指标体系的主要目的是解决现有大学教师评价体系中的难题，并不是要抛开现有的大学教师评价体系而完全另搞一套。新的指标体系自然要建立在对原有大学教师评价指标体系分析的基础之上的。

依据已有文献对大学教师评价指标体系的研究可知，传统大学教师评价指标体系基本上都是使用“分解—重构”的还原论方法将大学教师工作内容分解为教学、科研和服务三个方面，然后选择能够反映三个方面的不同指标进行测度，具体指标可划分如下：①科学研究指标，包括发表论文情况、论文被引用情况、出版专著情况、出版译著情况、出版教材情况、获得发明专利情况、获得纵向科研项目情况等；②教育教学指标，包括教案撰写情况、课件制作及使用情况、开设课程情况、教授学生情况、指导研究生情况等；③社会服务指标，包括横向科研情况、参与产学研合作技术开发与创新情况、技术咨询情况、决策咨询情况、社会培训情况、校内兼职情况、社会兼职情况等。

从上述传统大学教师评价指标体系可以看到，传统大学教师评价体系中科研、教学和服务指标所考查的内容与大学教师知识生产、传播与应用效能之间并没有什么太大的差异，很多指标实质上就是大学教师知识效能的载体。不过，从知识效能的角度看，传统大学教师评价指标考查的侧重点是大学教师知识活动的效率和效益，因此指标体系的经济性和行政性非常明显。许多学者都曾指出，按照高等教育系统的标准来评价经济系统不会有很大的意义，按照企业的标准来评价大学同样也不会有很大的意义。从 ICAS 的原理来看，大学教师知识效能能够产生经济效益和社会效益是毋庸置疑的，但是看待它的角度要从它对大学知识系统的整体作用，也就是大学教师个体知识活动聚集为大学知识系统整体知识活动后而产生的涌现性层面上来考查。直接将大学教师个体知识活动的效能与经济系统、社会系统连接起来的考查方式，错置了大学教师在整个人类知识系统中的位置。所以，本书所要建立的大学教师知识效能评价指标体系，要把大学教师放在其所处的大学知识系统之中，从知识活动主体与系统关系的角度出发，将指标体系考查的重点放在知识效能上来。

二、知识效能指标与大学评价指标的关系

大学教师知识效能评价与大学评价的性质和层次不同。大学评价是对大学知识活动系统组织层面的评价，而大学教师评价是对大学教师知识活动个体层面的评价。不过，大学教师从属于特定的大学知识系统，为特定的大学组织服务，虽然二者考查知识活动的重点和侧面不同，但根本目的是一致的。因此，构建大学教师知识效能评价指标体系，要分析大学教师知识效能评价指标与大学评价指标之间的关系，并与之建立起结构化的联系。

1. 大学评价指标体系构成及权重

大学评价始于美国。20 世纪 80 年代末，世界上许多国家如英国、加拿大、澳大利亚也纷纷推出自己的大学排行榜，比较著名的有美国的《美国新闻与世界报道》、英国《泰晤士报》高等教育副刊、QS 教育组织、加拿大的《麦克林》等。1987 年，中国管理科学研究院科学学研究所以美国费城科学情报研究所公布的 SCI 为数据源在《科技日报》上公布了对我国 87 所重点大学的排名，此后，先后有十几个单位也开展大学排名研究。目前，国内大学排行以上海交通大学、武书连中国大学排行榜、网大（中国）有限公司和中国校友会网的排行影响力最大。上述机构大学排名指标体系构成如表 5-1 所示。

表 5-1　大学评价指标体系一览表

国家	排行机构	评价指标及权重
美国	《美国新闻和世界报道》	学校声誉（25%）；科研成果（55%）；国际合作与交流（10%）；教育质量（10%）
英国	《泰晤士报》高等教育副刊	教学（30%）；科研（30%）；论文引用数量（30%）；产业收入（2.5%）；国际视野（7.5%）
	QS 教育组织	学校声誉（50%）；生师比（20%）；论文引用情况（20%）；国际化水平（10%）
加拿大	《麦克林》	学科声誉（19%）；教育质量（57%）；财务状况（12%）；图书馆水平（12%）
中国	上海交通大学	教育质量（10%）；教师质量（40%）；科研成果（40%）；师均表现（10%）
	网大（中国）有限公司	学校声誉（15%）；学术资源（20%）；学术成果（22%）；学生情况（12%）；教师资源（19%）；物资资源（12%）
	中国校友会网	人才培养（42.37%）；科学研究（41.72%）；综合声誉（15.92%）
	武书连中国大学排行榜	本科生培养（35.15%）；研究生培养（22.8%）；自然科学研究（31.48%）；社会科学研究（10.56%）

2. 大学教师知识效能与大学评价指标的关系

从表 5-1 所列的指标体系中我们可以看出，大学教师知识效能与大学评价关联性较大的指标，主要集中在学术声誉、学术成果、教学水平、毕业生质量、师资水平等几个方面，而且这些指标与大学教师的知识效能之间具有结构化的联系（图 5-1）。

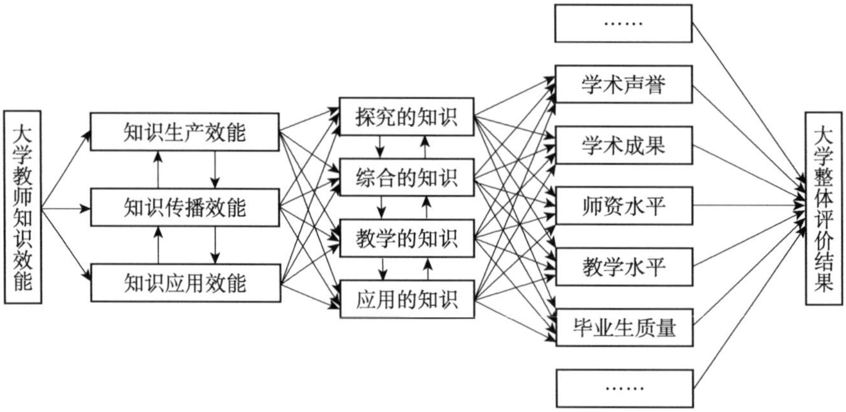

图 5-1　大学教师知识效能与大学评价指标关系图

这种结构化的联系要求我们建构大学教师知识效能评价指标体系时，不但要选择适合大学知识系统主体——大学教师知识效能评价的指标，而且还要考虑这些指标与大学整体评价指标之间的关系。大学教师知识效能评价指标要围绕提高大学学术声誉、学术成果、教学水平、毕业生质量、师资水平等几个层面进行考虑和选择。这一要求对于指标的定性尤为重要，可以帮助我们避免指标选择上的以偏概全和过于追求全面而造成的重复计算等问题。

第四节　大学教师知识效能评价指标体系的构成

由于目前学术界尚未开发出十分成型的直接测度知识的理论和方法，所以大学教师知识效能评价实际上也是对大学教师知识效能载体的评价。在现实中，“我们宁愿不去测量我们原本希望测量的那个方面，而是转而去测量该现象的一个不同的侧面”[111]。只要我们能在替代事件和希望测量的事件之间找到因果或逻辑上的联系，那么选择使用替代事件就是一个可以接受的办法。通过前面章节对知识效能的结构以及其与大学知识活动系统有机性关系的分析可知，大学教师的知识活动是系统、整体和全息性的，知识生产、传播与应用之间存在着互相依存和包含的、复杂的非线性联系。不过，为了能够对大学教师知识效能的认识更加精确和深入，我们在整体观的指导下，仍然采用“分析—重构”的还原论方法进行分析。

一、大学教师知识效能的载体分析

1. 知识生产效能的载体

（1）论文。论文就是大学教师在科学领域内表达具有学术性、科学性、创造性的研究成果的文章。论文根据其所发表的载体不同可分为期刊论文和会议论文两种。从大学知识系统的角度看，论文承载的是探究的知识，对大学知识系统的作用是基础性和原创性的。

（2）著作。著作是大学教师学术论文在字数上的延伸，是对某一学科领域某一类问题系统、详尽的论述。依据其所承载的知识的来源不同，著作分为专著、译著、编著等几种形式。著作属于探究知识的聚集体，是大学知识系统内部知识模型的重要组成部分。

（3）教材。与专著不同，教材所代表的不是大学教师在某一专深领域的学术造诣，而是在一定教育目标的指引下，介绍和分析不同学派学术观点，综合该学科领域全部知识，并将其系统化、条理化的过程。从知识活动的类型上看，教材承载的是综合的知识，也是大学知识系统内部知识模型的重要组成部分。

（4）纵向科研课题。纵向科研课题是指基础学科研究领域的课题研究，研究成果一般不具有直接应用的价值，属于对人类未知世界的探索。纵向科研课题在传统大学教师评价指标体系中占据着十分重要的位置。从知识活动过程的角度看，纵向科研课题是知识活动的内容，是大学教师研究深度和能力的间接体现。大学教师纵向科研课题研究的结果仍然要以论文、专著、教材或研究报告的形式来表现。

2. 知识应用效能的载体

（1）专利。专利是指大学教师运用有关理论知识，发明前所未有的方法，创造前所未有的事物，有效解决社会生产生活中某一实际问题而获得的新产品或改进的技术方案等。依据所承载知识的性质不同，专利一般可分为技术发明、实用新型和外观设计。从大学知识系统的角度看，专利所承载的是应用的知识。从对大学知识系统的作用上看，专利一般都具有较高的实用价值，是大学知识系统与外部环境交换资源的重要载体之一。

（2）技术及决策咨询。技术及决策咨询是指大学教师依靠所在大学的实验室、研究仪器和设备等物质条件，运用所掌握的知识，对工商业组织、企事业单位的研发、生产实践和管理活动等提供专业性的咨询或指导性建议的活动。这种知识活动的载体包括口头和书面两种形式。技术及决策咨询所承载的也是应用的知识。

（3）横向科研课题。横向科研课题是指面向实际应用的技术或管理相关研究项目，研究成果一般具有直接应用的价值，与经济效益联系最为紧密。在传统大学教师评价体系中，对横向科研课题的重视程度低于纵向科研课题。横向科研课题的知识载体仍然是以论文、专利和咨询研究报告等形式表现出来的。

3. 知识传播效能的载体

（1）讲授课程。讲授课程是指大学教师按照一定的教学目的和教学计划，依据教学大纲的要求，系统地传播知识的活动。从大学知识系统的角度看，课程在大学知识系统中起到了知识流（flow）的作用。这种流越频繁、越复杂，大学知识系统的整体涌现性就越强。

（2）主持学术报告与讲座。学术报告与讲座一般没有固定的教学目的或大纲要求，可以就某一学科领域的难点、焦点或社会热点问题从不同的学术视角进行讲解和分析。在大学知识系统中，学术报告与讲座同样起着知识流的作用。

（3）指导学生。指导学生是指大学教师在课堂讲授之外，以“师傅带徒弟”为主要形式进行的知识传授活动。这种载体形式对于发挥大学教师隐性知识效能具有举足轻重的作用。朱克曼的研究表明[115]，诺贝尔奖获得者有通过师徒关系在代与代之间延续的现象。她认为这些未来的诺贝尔奖获得者从“师傅”那里学到的不是显性知识，而是诸如工作标准和思维模式等更大范围的倾向性态度和不能编纂整理的思维和工作方法等隐性知识。

二、大学教师知识效能的评价指标分析

1. 知识生产效能的评价指标

知识生产的目的是探索新领域、发现新原理、启示新方法等，因此研究成果一般看不到直接的经济效果。知识生产的成果往往是新的研究项目的出发点，它参与创造新的成果，但它是通过转化为新开发的科学技术来体现其经济效益的[116]。因此，评价知识生产效能要从论文、著作、教材、研究报告等被应用和传播的效果着眼，评价指标应该包括以下几个方面的内容。

(1) 论文、著作的被他引次数。一般说来，论文、著作的质量越高，被别人引用的次数就会越多。

(2) 期刊的影响因子。期刊文献被引用次数与文献总数的比值，这个比值越大就说明该刊物所出版的文献质量越高。

(3) 期刊、出版社的级别。一般来说，期刊、出版社的级别越高，对文献质量的要求也就越高。

(4) 著作、教材再版的次数。著作、教材出版需要一定的成本，因此印刷的册数是有限的。质量高的著作、教材往往会因为需求大于供给而再版。

(5) 鉴定/获奖级别。依靠专家的集体智慧，对知识成果进行价值判断，并赋予一定的级别，是同行评价的集中体现。

2. 知识应用效能的评价指标

知识应用是将知识由间接生产力转化为直接生产力，以特殊的物化劳动将知识凝结在物质产品或服务上的过程。对其评价应主要考虑它的先进性、适应性和经济效益的大小[116]，评价指标应该包括以下几个方面的内容。

(1) 专利文献的被引用次数。专利文献的被引用次数反映该专利的重要性程度。

(2) 专利的授权量。大学教师应用知识获得专利权的目的，是将其投入到生产活动中用以改善和提高物质生产活动的效率和质量，专利使用价值的大小可以通过授权的数量表现出来。

(3) 获得的经济效益。知识应用的成果是可以定价的，投入要素也能够计价换算。大学教师的知识应用活动应该尽可能用最少的投入获得最大的结果，

因此经济效益也应该是大学教师知识应用效能评价的一项指标。

3. 知识传播效能的评价指标

大学教师知识传播效能的载体主要是学生，其效能通过学生人力资本的累积或新思想、新观点的提出等方式反映出来，因此其效能是间接的、难以直接测量的。教师实践知识的研究给我们解决这一问题提供了新的思路：大学教师实践知识与知识传播效能具有正相关性，因此评价大学教师知识传播效能可以从教育教学实践知识的角度着眼。对此问题，前文已进行了论述。这里提出如下几个方面的指标用以考查大学教师知识传播的效能。

（1）学科知识。包括学科基础知识、学科前沿知识和学科教学知识等。

（2）关于课程的知识。包括课程材料的使用、编排，以及在特定情景下根据学生特殊需求设计拓展课程材料。

（3）教育目的及价值知识。包括教育价值及目的、中外教育史、各种教育法规、教师的法定权利和义务、教育行政组织及运作、学校组织及行政运作、学校与社会、文化背景及政治环境关系等方面的知识。

（4）一般教学法知识。包括教学理论与策略、教学模式、教学测量与评价、教学技术、学生心理辅导、班级组织与管理、教育研究方法等知识。

（5）对学生的认知。包括不同层次学生的特征、认知学习及思考方式、有效指导不同学生学习等方面的知识，还包括与学生兴趣和情景因素相关的学生与教师关系的知识等。

（6）教师的自我认知。包括对自己身体状态的认知、对自己心理状况的认知、对自己社会关系的认知等。

（7）教育技术使用的知识。包括有形（物化形态）技术知识和无形（观念形态）技术知识两大类。有形技术知识主要指在教育教学活动中使用传统教具或现代教学媒体的知识；无形技术知识包括在解决教育教学问题过程中所运用的技巧、策略、方法，以及其中所蕴涵的教学思想、理论等[117]。

三、大学教师知识效能的影响因素分析

无论是知识生产、知识传播还是知识应用，均需要一定的人力、物力和财力等条件。在起决定性作用的要素中，任一要素的缺乏，都会影响到知识活动的顺利进行。依据知识生产、传播和应用活动的不同性质和特点，提出以下内容作为大学教师知识效能影响因素的考查指标。

1. 知识生产效能的影响因素

主要包括：个人对课题的兴趣、个人擅长的专业领域、课题的热点程度、

课题难度的大小、研究周期的长短、可支配经费的多少、课题与最前沿研究的距离、课题研究内容的连续性和课题所要攻克的难题等。

2. 知识应用效能的影响因素

主要包括：已有的研究基础、研发的兴趣、研发的热情、研发的周期、研发课题的难度、课题与最前沿研究的距离、技术市场成熟度、社会需求状况、研发经费的多少和产业化基础条件等。

3. 知识传播效能的影响因素

主要包括：教学投入的精力、学生的学习态度、课程的性质、课程的特点、课程学时、课堂的容量、教师的教龄和教学的基础条件等。

第五节　评价指标的选择与检验

一、研究思路与样本设计

从 ICAS 理论来看，确立评价指标体系就是给大学教师个体知识活动提供信用分派的规则，由于具体的规则是多样的，而指标只是对事物本质某一侧面的抽象和概括，所以，要科学合理地评价大学教师的知识效能，就要建立起包含多个指标的指标体系。其中，指标体系建立的流程是分析和选择大学教师知识效能评价指标的前提（图 5-2）。

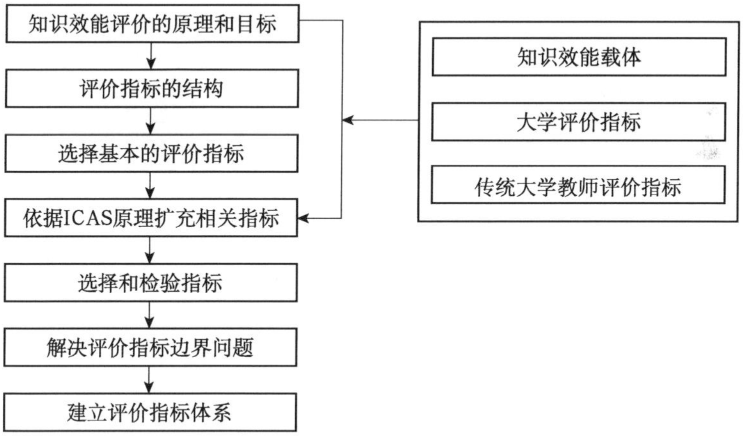

图 5-2　大学教师知识效能评价指标体系的构建流程图

本书在对大学教师知识效能指标体系构成分析的基础上，采用专家访谈的方式对这些指标和因素进行调整、归并、增补和删节。访谈对象定位于大学科研和教学中业绩表现突出的资深教师。通过访谈，初步抽象出了 17 种大学教师知识效能评价指标和 27 个影响大学教师知识效能的因素（表 5-2）。在此基础上，采用问卷调查的方式，请被调查对象就这 17 种评价指标和 27 个影响因素的适用范围和显著性进行评分，用以验证指标的合理性和选择具体的评价指标。评分采用 Linkers-7 分制评分方法，分值从小到大代表重要性从低到高。为保证问卷的有效性，在正式问卷调查之前，小范围地试用了该问卷，发放问卷 10 份请被调查对象就问卷本身提建议。根据被调查对象的反馈，对初始问卷进行了适度的调整，随后对调整后的问卷进行了第二次试用，对问卷进行了进一步调整。最后，根据被调查对象的两次反馈，对问卷最终定稿，在问卷风格上也进行了重新设计，以便被调查对象在填写问卷时能够积极配合。

表 5-2　大学教师知识效能评价指标和影响因素表

项目	知识载体	评价指标	影响因素
知识生产（基础研究）	论文 专著 编著 译著 教材	论文/著作的被他引次数 期刊的影响因子 期刊/出版社的级别 著作/教材再版的次数 鉴定/获奖级别 获得的经济效益	课题研究的兴趣 学术研究的热情 课题的热点程度 课题难度的大小 研究周期的长短 可支配经费的多少 课题与最前沿研究的距离 课题研究内容的连续性 个人擅长的专业领域
知识应用（应用研究）	论文 专利 软件 课件 方案 报告	论文/著作的被他引次数 期刊的影响因子 期刊/出版社的级别 著作/教材再版的次数 鉴定/获奖级别 专利文献的被引用次数 专利的授权量 获得的经济效益	已有的研究基础 研发的兴趣 研发的热情 研发的周期 研发课题的难度 课题与最前沿研究的距离 技术市场成熟度 社会需求状况 研发经费的多少 产业化基础条件
知识传播（教育教学）	课程 博士生 青年教师 硕士生 本科生 报告 讲座 培训	学科基础知识 学科前沿知识 学科教学知识 关于课程的知识 教育目的及价值知识 一般教学法知识 对学生的认知 教师的自我认知 教育技术使用的知识	教学投入的精力 学生的学习态度 课程的性质 课程的特点 课程学时数 课堂的容量 教师的教龄 教学的基础条件

为使调查样本更具代表性，调查问卷选择哈尔滨工业大学、哈尔滨工程大学、东北农业大学、东北大学、沈阳建筑大学、大连理工大学、东北财经大学、辽宁师范大学等学校在教学与科研第一线的教师。问卷发放前就问卷的调查目的、填写要求和具体调查内容都做了详尽的解释。整个调查过程得到了被调查者的积极配合，共发放问卷 70 份，回收问卷 70 份，其中有效问卷 68 份。被调查者所属的学校类型不同，其年龄结构、职称结构差异较大，可以认为样本具有代表性，基本上不存在重大代表性偏差。样本结构见表 5-3。

表 5-3 样本结构情况

项目		频率	百分比/%	有效百分比/%	累积百分比/%
性别	男	34	50.0	50.0	50.0
	女	34	50.0	50.0	100.0
	合计	68	100.0	100.0	—
职称	教授	13	19.1	19.1	19.1
	研究员	1	1.5	1.5	20.6
	副教授	25	36.8	36.8	57.4
	副研究员	4	5.9	5.9	63.2
	讲师	22	32.4	32.4	95.6
	助教	3	4.4	4.4	100.0
	合计	68	100.0	100.0	—
工作内容	科研	10	14.7	14.7	14.7
	教学与科研	42	61.8	61.8	76.5
	基础课教学	15	22.1	22.1	98.5
	专业课教学	1	1.5	1.5	100.0
	合计	68.0	100.0	100.0	—

二、数据处理与分析

1. 假设

由于是就大学教师知识效能评价指标和影响因素的 44 个因子的显著性进行检验，所以实际上对应着 44 个假设。为了简化起见，笼统地提出一个包含 44 个子假设的假设。

假设 H_0：各指标和因素对大学教师知识效能的反映和影响不显著。

假设 H_1：各指标和因素对大学教师知识效能的反映和影响显著。

2. 数据处理方法

采用 SPSS 13.0 软件进行，方法采用单一样本 t 检验，假设检验的置信区间定在 95%的水平上。

3. 大学教师知识效能评价指标的假设检验

(1) 结果。见表 5-4。

表 5-4 大学教师知识效能评价指标的单一样本 t 检验

项目		测试值=4					
		t 值	自由度	显著性（双侧）	平均差	95%置信区间差异	
						低	高
知识生产效能	论文/著作的被他引次数	7.658	67	0.000	1.294	0.96	1.63
	期刊的影响因子	3.448	67	0.001	0.735	0.31	1.16
	期刊/出版社的级别	−1.831	67	0.072	−0.471	−0.98	0.04
	著作/教材再版的次数	−3.374	67	0.001	−0.662	−1.05	−0.27
	鉴定/获奖级别	−2.035	67	0.051	−0.412	−0.82	−0.01
	获得的经济效益	−0.807	67	0.423	−0.162	−0.56	0.24
知识应用效能	论文/著作的被他引次数	−2.334	67	0.023	−0.441	−0.82	−0.06
	期刊的影响因子	−1.062	67	0.292	−0.206	−0.59	0.18
	期刊/出版社的级别	1.504	67	0.137	0.324	−0.11	0.75
	著作/教材再版的次数	−1.151	67	0.254	−0.235	−0.64	0.17
	鉴定/获奖级别	6.340	67	0.000	1.074	0.74	1.41
	专利文献的被引用次数	2.611	67	0.011	0.559	0.13	0.99
	专利的授权量	5.319	67	0.000	1.191	0.74	1.64
	获得的经济效益	11.540	67	0.000	1.956	1.62	2.29
知识传播效能	学科基础知识	15.961	67	0.000	2.294	2.01	2.58
	学科前沿知识	11.684	67	0.000	1.941	1.61	2.27
	学科教学知识	9.737	67	0.000	1.559	1.24	1.88
	关于课程的知识	8.380	67	0.000	1.441	1.10	1.78
	教育目的及价值知识	6.464	67	0.000	1.132	0.78	1.48
	一般教学法知识	5.025	67	0.000	0.868	0.52	1.21
	对学生的认知	9.881	67	0.000	1.500	1.20	1.80
	教师的自我认知	7.043	67	0.000	1.324	0.95	1.70
	教育技术使用的知识	4.123	67	0.000	0.750	0.39	1.11

（2）结果分析。根据统计检验结果，在 0.05 的显著性水平上，在大学教师知识生产效能的评价指标中，期刊/出版社的级别的 t 统计量的显著性概率为 0.072>0.05、鉴定/获奖级别的 t 统计量的显著性概率为 0.051>0.05、获得的经济效益的 t 统计量的显著性概率为 0.423>0.05，所以这三个指标接受原假设 H_0，即期刊/出版社的级别、鉴定/获奖级别和获得的经济效益对大学教师知识生产效能水平的反映不显著。其他因素的 t 统计量的显著性概率均小于 0.05，所以拒绝 H_0，接受对立假设 H_1，即论文/著作的被他引次数、期刊的影响因子、著作/教材再版的次数对大学教师知识生产效能的反映显著。

在知识应用效能的评价指标中，期刊的影响因子的 t 统计量的显著性概率为 0.292>0.05，期刊/出版社的级别的 t 统计量的显著性概率为 0.137>0.05，著作/教材再版的次数的显著性概率为 0.254>0.05，所以接受原假设 H_0，即期刊的影响因子、期刊/出版社的级别、著作/教材再版的次数对知识应用效能的反映不显著。其他因素的 t 统计量的显著性概率均小于 0.05，所以拒绝 H_0，

接受对立假设 H_1，即论文/著作的被他引次数、鉴定/获奖级别、专利文献的被引用次数、专利的授权量、获得的经济效益对知识应用效能的反映显著。

在知识传播效能的评价指标中，学科基础知识、学科前沿知识、学科教学知识、关于课程的知识、教育目的及价值知识、一般教学法知识、对学生的认知、教师的自我认知和教育技术使用的知识的 t 统计量的显著性概率均为 0.000<0.05，所以拒绝 H_0，接受对立假设 H_1，即这些评价指标对大学教师知识传播效能的反映显著。

4. 大学教师知识效能影响因素的假设检验

（1）结果。见表 5-5。

表 5-5　大学教师知识效能影响因素的单一样本 t 检验

项目		测试值=4					
		t 值	自由度	显著性（双侧）	平均差	95%置信区间差异	
						低	高
影响知识生产效能的因素	课题研究的兴趣	12.246	67	0.000	2.074	1.74	2.41
	学术研究的热情	19.327	67	0.000	2.353	2.11	2.60
	课题的热点程度	2.683	67	0.009	0.662	0.17	1.15
	课题难度的大小	3.839	67	0.000	0.838	0.40	1.27
	研究周期的长短	1.872	67	0.066	0.412	−0.03	0.85
	可支配经费的多少	6.391	67	0.000	1.235	0.85	1.62
	课题与最前沿研究的距离	9.751	67	0.000	1.853	1.47	2.23
	课题研究内容的连续性	13.445	67	0.000	1.853	1.58	2.13
	个人擅长的专业领域	3.113	67	0.003	0.574	0.21	0.94
影响知识应用效能的因素	已有的研究基础	5.360	67	0.000	1.059	0.66	1.45
	研发的兴趣	−0.790	67	0.432	−0.191	−0.67	0.29
	研发的热情	−0.996	67	0.323	−0.221	−0.66	0.22
	研发的周期	2.287	67	0.025	0.471	0.06	0.88
	研发课题的难度	3.168	67	0.002	0.779	0.29	1.27
	课题与最前沿研究的距离	3.399	67	0.001	0.735	0.30	1.17
	技术市场成熟度	2.731	67	0.008	0.559	0.15	0.97
	社会需求状况	3.172	67	0.002	0.647	0.24	1.05
	研发经费的多少	11.045	67	0.000	1.956	1.60	2.31
	产业化基础条件	3.513	67	0.001	0.721	0.31	1.13
影响知识传播效能的因素	教学投入的精力	5.319	67	0.000	1.191	0.74	1.64
	学生的学习态度	−2.160	67	0.034	−0.456	−0.88	−0.03
	课程的性质	2.077	67	0.042	0.353	0.01	0.69
	课程的特点	8.380	67	0.000	1.441	1.10	1.78
	课程学时数	0.442	67	0.660	0.088	−0.31	0.49
	课堂的容量	0.153	67	0.879	0.029	−0.35	0.41
	教师的教龄	1.722	67	0.090	0.324	−0.05	0.70
	教学的基础条件	3.513	67	0.001	0.721	0.31	1.13

（2）结果分析。根据统计检验结果，在 0.05 的显著性水平上，影响知识生产效能的因素中，研究周期的长短 t 统计量的显著性概率为 0.066＞0.05，所以该因素接受原假设 H_0，即研究周期的长短对大学教师知识生产效能的影响不显著。其他因素的 t 统计量的显著性概率均小于 0.05，所以这些因素拒绝 H_0，接受对立假设 H_1，即这些因素对大学教师知识生产效能的影响显著。

影响知识应用效能的因素中，研发的兴趣的 t 统计量的显著性概率为 0.432＞0.05，研发的热情的 t 统计量的显著性概率为 0.323＞0.05，所以这两个因素接受原假设 H_0，即研发的兴趣和研发的热情对大学教师知识应用效能的影响不显著。其他因素的 t 统计量的显著性概率均小于 0.05，所以这些因素拒绝 H_0，接受对立假设 H_1，即这些因素对大学教师知识生产效能的影响显著。

影响知识传播效能的因素中，课程学时数的 t 统计量的显著性概率为 0.660＞0.05，所以该因素接受原假设 H_0，即课程学时数对大学教师教学效能的影响不显著；课堂的容量的 t 统计量的显著性概率为 0.879＞0.05，所以该因素接受原假设 H_0，即课堂的容量对大学教师教学效能的影响不显著；教师的教龄的 t 统计量的显著性概率为 0.090＞0.05，所以该因素接受原假设 H_0，即教师的教龄对大学教师教学效能的影响不显著。其他因素的 t 统计量的显著性概率均小于 0.05，所以这些因素拒绝 H_0，接受对立假设 H_1，即这些因素对大学教师知识传播效能影响显著。

三、评价指标和影响因素的 t 检验结果

1. 大学教师知识生产效能评价指标和影响因素的检验结果

大学教师知识生产效能评价指标的 t 检验结果显示，论文/著作的被他引次数、期刊的影响因子和著作/教材再版的次数对知识生产效能的反映显著，应作为评价指标。课题研究的兴趣、学术研究的热情、课题的热点程度、课题难度的大小、可支配经费的多少、课题与最前沿研究的距离、课题研究内容的连续性和个人擅长的专业领域等几个因素对知识生产效能的反映显著，应作为评价指标。

2. 大学教师知识应用效能评价指标和影响因素的检验结果

大学教师知识应用效能评价指标的 t 检验结果显示，论文/著作的被他引次数、鉴定/获奖级别、专利文献的被引用次数、专利的授权量、获得的经济效益对知识应用效能的反映显著，应作为评价指标。已有的研究基础、研发的周期、研发课题的难度、课题与最前沿研究的距离、技术市场成熟度、社会需求

状况、研发经费的多少和产业化基础条件等几个因素对大学教师知识应用效能的影响显著，应作为评价指标。

3. 大学教师知识传播效能评价指标和影响因素的检验结果

大学教师知识传播效能评价指标的 t 检验结果显示，学科基础知识、学科前沿知识、学科教学知识、关于课程的知识、教育目的及价值知识、一般教学法知识、对学生的认知、教师的自我认知和教育技术使用的知识对知识传播效能的反映均十分显著，应作为知识传播效能的评价指标。教学投入的精力、学生的学习态度、课程的性质、课程的特点和教学的基础条件等几个因素对大学教师知识传播效能的影响显著，应作为评价指标。

四、评价指标和影响因素的缩减

1. 因子缩减的思路与方法

通过假设检验发现，大学教师知识生产、应用和传播效能的评价指标和影响因素较多，进一步分析会发现一部分指标和指标之间、因素和因素之间还存在着相关性。为了使复杂的关系更加清晰，根据简化和可操作性的原则，需要对这些指标和因素进行缩减。我们使用 SPSS 13.0 软件工具中所提供的因子分析过程，将这些指标和因素分别综合缩减为几个相互独立的综合因子来代替原有的指标和因素。为尽可能提取原因子所携带的信息来解释原因子的协方差结构，公共因子的贡献率要求达到 80％。

2. 知识生产效能评价指标和影响因素的因子分析

（1）知识生产效能评价指标的因子分析。

知识生产效能评价指标的 KMO 和巴特利特球体检验的结果（表 5-6）显示，KMO 值为 0.478，小于 0.5；巴特利特球体检验值为 11.058，取值较小，相应的显著性概率 0.087＞0.001 为不显著，这说明知识生产效能评价指标之间的相关性不强，因此不适合使用因子分析方法。

表 5-6 知识生产效能评价指标的 KMO 和巴特利特球体检验结果

KMO 抽样适度测定值		0.478
巴特利特球体检验	卡方检验值	11.058
	自由度	6
	显著性	0.087

（2）知识生产效能影响因素的因子分析。

知识生产效能影响因素的 KMO 和巴特利特球体检验的结果（表 5-7）显示，KMO 值为 0.602，范围在 0.5～1.0；巴特利特球体检验值为 81.582，取值较大，相应的显著性概率小于 0.001 为高度显著，因此知识生产效能影响因素适合使用因子分析方法。

表 5-7　知识生产效能影响因素的 KMO 和巴特利特球体检验结果

KMO 抽样适度测定值		0.602
巴特利特球体检验	卡方检验值	81.582
	自由度	28
	显著性	0.000

从总方差解释（表 5-8）中我们可以看到，5 个公因子的累计贡献率达到 81.586%，超过 80%的贡献率，因此抽取 5 个因子即可达到贡献率的要求。

表 5-8　总方差解释

因子	初始特征根			被提取因子的载荷平方和			旋转后提取因子的载荷平方和		
	总体	方差百分比/%	方差累积百分比/%	总体	方差百分比/%	累积百分比/%	总体	方差百分比/%	方差累积百分比/%
1	2.146	26.830	26.830	2.146	26.830	26.830	1.675	20.938	20.938
2	1.649	20.609	47.439	1.649	20.609	47.439	1.571	19.641	40.580
3	1.132	14.149	61.588	1.132	14.149	61.588	1.138	14.227	54.806
4	0.862	10.781	72.369	0.862	10.781	72.369	1.126	14.070	68.876
5	0.737	9.218	81.586	0.737	9.218	81.586	1.017	12.710	81.586
6	0.661	8.267	89.853	—	—	—	—	—	—
7	0.428	5.350	95.203	—	—	—	—	—	—
8	0.384	4.797	100.000	—	—	—	—	—	—

从因子的共同度（表 5-9）来看，各因子的共同度均超过了 0.7，说明由 5 个公因子提供的信息量较多。

表5-9　共同度

变量名	初始公因子方差	提取公因子方差
个人对课题的兴趣	1.000	0.792
学术研究的热情	1.000	0.755
课题的热点程度	1.000	0.808
课题难度的大小	1.000	0.788
可支配经费的多少	1.000	0.902
课题与最前沿研究的距离	1.000	0.949
课题研究内容的连续性	1.000	0.708
个人擅长的专业领域	1.000	0.825

表 5-10 描述的是初始因子载荷，但 5 个公因子的含义不易说明，所以用最大方差旋转法得到旋转后的 5 个因子，见表 5-11。

表 5-10　初始因子载荷阵

变量名	因子				
	1	2	3	4	5
个人对课题的兴趣	0.386	0.765	−0.229	−0.071	−0.023
学术研究的热情	0.432	0.653	−0.259	0.272	0.019
课题的热点程度	0.644	−0.440	−0.150	−0.343	−0.243
课题难度的大小	0.762	−0.167	−0.285	−0.271	−0.155
可支配经费的多少	0.325	0.167	0.680	−0.441	0.333
课题与最前沿研究的距离	0.539	−0.320	−0.188	0.263	0.671
课题研究内容的连续性	0.450	0.327	0.565	0.199	−0.199
个人擅长的专业领域	0.465	−0.422	0.302	0.537	−0.228

表 5-11　方差最大正交旋转后的因子载荷矩阵

变量名	因子				
	1	2	3	4	5
个人对课题的兴趣	0.863	0.094	−0.130	0.125	−0.077
学术研究的热情	0.853	0.001	0.105	−0.056	0.119
课题的热点程度	−0.105	0.880	0.123	0.045	0.081
课题难度的大小	0.225	0.839	0.071	0.031	0.165
可支配经费的多少	0.005	0.063	0.019	0.946	0.055
课题与最前沿研究的距离	0.041	0.200	0.106	0.036	0.946
课题研究内容的连续性	0.342	−0.006	0.604	0.451	−0.151
个人擅长的专业领域	−0.151	0.202	0.845	−0.071	0.207

从这 5 个因子看，因子 1 可认为是研究的专注程度，因子 2 代表研究的难度，因子 3 代表专业知识水平，因子 4 代表研究的基础条件，因子 5 是课题研究的起点。

3. 知识应用效能评价指标和影响因素的因子分析

（1）知识应用效能评价指标的因子分析。知识应用效能评价指标的 KMO 和巴特利特球体检验的结果（表 5-12）显示，KMO 值为 0.486，小于 0.5；巴特利特球体检验值为 10.623，取值较小，相应的显著性概率 0.101＞0.001 为不显著，这说明知识应用效能评价指标之间的相关性不强，因此不适合使用因子分析方法。

表 5-12　知识应用效能评价指标的 KMO 和巴特利特球体检验结果

KMO 抽样适度测定值		0.486
巴特利特球体检验	卡方检验值	10.623
	自由度	6
	显著性	0.101

（2）知识应用效能影响因素的因子分析。知识应用效能影响因素的KMO和巴特利特球体检验的结果（表5-13）显示，KMO值为0.670，范围在0.5～1.0；巴特利特球体检验值为227.627，取值较大，相应的显著性概率小于0.001为高度显著，因此知识应用效能影响因素适用使用因子分析方法。

表5-13　知识应用效能影响因素的KMO和巴特利特球体检验结果

KMO抽样适度测定值		0.670
巴特利特球体检验	卡方检验值	227.627
	自由度	28
	显著性	0.000

从总方差解释（表5-14）中我们可以看到，4个公因子的累计贡献率达到84.714%，超过80%的贡献率，因此，抽取4个因子即可达到贡献率的要求。

表5-14　总方差解释

因子	初始特征根			被提取因子的载荷平方和			旋转后提取因子的载荷平方和		
	总体	方差百分比/%	方差累积百分比/%	总体	方差百分比/%	累积百分比/%	总体	方差百分比/%	方差累积百分比/%
1	3.329	41.613	41.613	3.329	41.613	41.613	2.643	33.033	33.033
2	1.327	16.593	58.206	1.327	16.593	58.206	1.871	23.391	56.424
3	1.247	15.593	73.799	1.247	15.593	73.799	1.223	15.285	71.710
4	0.873	10.915	84.714	0.873	10.915	84.714	1.040	13.004	84.714
5	0.507	6.339	91.053	—	—	—	—	—	—
6	0.351	4.385	95.438	—	—	—	—	—	—
7	0.212	2.656	98.094	—	—	—	—	—	—
8	0.152	1.906	100.000	—	—	—	—	—	—

从因子的共同度（表5-15）来看，各因子的共同度均超过了0.7，说明由4个公因子提供的信息量较多。

表5-15　共同度

变量名	初始公因子方差	提取公因子方差
已有的研究基础	1.000	0.894
研发经费的多少	1.000	0.883
研发课题的难度	1.000	0.765
课题与最前沿研究的距离	1.000	0.894
研发的周期	1.000	0.780
技术市场成熟度	1.000	0.745
社会需求状况	1.000	0.963
产业化基础条件	1.000	0.855

表5-16描述的是初始因子载荷，但4个公因子的含义不易说明，所以用最大方差旋转法得到旋转后的4个因子，见表5-17。

表5-16　初始因子载荷矩阵

变量名	因子			
	1	2	3	4
已有的研究基础	0.647	0.075	−0.677	0.101
研发经费的多少	0.657	0.184	−0.613	−0.202
研发课题的难度	0.768	−0.245	0.191	0.281
课题与最前沿研究的距离	0.874	−0.134	0.295	0.159
研发的周期	0.777	−0.071	0.412	0.024
技术市场成熟度	0.720	0.263	0.145	−0.369
社会需求状况	−0.040	0.696	−0.015	0.690
产业化基础条件	0.036	0.806	0.313	−0.324

表5-17　方差最大正交旋转后的因子载荷矩阵

变量名	因子			
	1	2	3	4
已有的研究基础	0.211	0.906	−0.129	0.110
研发经费的多少	0.163	0.912	0.141	−0.070
研发课题的难度	0.835	0.194	−0.171	0.035
课题与最前沿研究的距离	0.924	0.199	0.029	−0.004
研发的周期	0.859	0.077	0.175	−0.074
技术市场成熟度	0.529	0.363	0.549	−0.180
社会需求状况	−0.031	0.027	0.143	0.970
产业化基础条件	−0.052	−0.063	0.897	0.209

从这4个因子看，因子1可认为是研究的先进性，因子2代表研究的基础条件，因子3代表技术市场状况，因子4代表社会需求程度。

4. 知识传播效能评价指标和影响因素的因子分析

(1) 知识传播效能评价指标的因子分析。

知识传播效能评级指标的KMO和巴特利特检验的结果（表5-18）显示，KMO值为0.723，范围在0.5～1.0；巴特利特球体检验值为231.526，取值较大，相应的显著性概率小于0.001为高度显著，因此数据适合使用因子分析方法。

表5-18　知识传播效能评价指标KMO和巴特利特球体检验结果

KMO抽样适度测定值		0.723
巴特利特球体检验	卡方检验值	231.526
	自由度	36
	显著性	0.000

从总方差解释（表 5-19）中我们可以看到，5 个公因子的累计贡献率达到 84.634％，超过 80％的贡献率，因此，抽取 5 个因子即可达到贡献率的要求。

表 5-19　总方差解释

因子	初始特征根			被提取因子的载荷平方和			旋转后提取因子的载荷平方和		
	总体	方差百分比/％	方差累积百分比/％	总体	方差百分比/％	累积百分比/％	总体	方差百分比	方差累积百分比/％
1	3.929	43.654	43.654	3.929	43.654	43.654	1.796	19.950	19.950
2	1.205	13.393	57.047	1.205	13.393	57.047	1.784	19.826	39.776
3	1.098	12.204	69.251	1.098	12.204	69.251	1.511	16.791	56.567
4	0.842	9.353	78.604	0.842	9.353	78.604	1.456	16.179	72.746
5	0.543	6.030	84.634	0.543	6.030	84.634	1.070	11.888	84.634
6	0.464	5.161	89.795	—	—	—	—	—	—
7	0.398	4.418	94.213	—	—	—	—	—	—
8	0.358	3.977	98.189	—	—	—	—	—	—
9	0.163	1.811	100.000	—	—	—	—	—	—

从因子的共同度（表 5-20）来看，各因子的共同度基本都达到了 0.7 以上，说明由 5 个公因子提供的信息量较多。

表 5-20　共同度

变量名	初始公因子方差	提取公因子方差
学科基础知识	1.000	0.881
学科前沿知识	1.000	0.951
学科教学知识	1.000	0.754
关于课程的知识	1.000	0.734
教育目的及价值知识	1.000	0.803
一般教学法知识	1.000	0.850
对学生的认知	1.000	0.924
教师的自我认知	1.000	0.888
教育技术使用的知识	1.000	0.833

表 5-21 描述的是初始因子载荷，但 5 个公因子的含义不易说明，所以用最大方差旋转法得到旋转后的 5 个因子，见表 5-22。

表 5-21　初始因子载荷矩阵

变量名	因子				
	1	2	3	4	5
学科基础知识	0.551	0.658	0.005	−0.027	0.378
学科前沿知识	0.370	0.170	0.644	0.605	−0.058
学科教学知识	0.775	0.277	−0.258	−0.019	−0.094

续表

变量名	因子				
	1	2	3	4	5
关于课程的知识	0.675	0.256	−0.455	−0.041	−0.070
教育目的及价值知识	0.810	−0.251	−0.072	0.156	0.235
一般教学法知识	0.696	−0.174	−0.260	0.275	−0.438
对学生的认知	0.650	0.201	0.508	−0.398	−0.213
教师的自我认知	0.684	−0.377	0.281	−0.446	−0.006
教育技术使用的知识	0.633	−0.571	−0.028	0.124	0.300

表 5-22 方差最大正交旋转后的因子载荷矩阵

变量名	因子				
	1	2	3	4	5
学科基础知识	0.118	0.048	0.144	0.905	0.157
学科前沿知识	0.053	0.110	0.124	0.114	0.953
学科教学知识	0.644	0.188	0.237	0.498	0.023
关于课程的知识	0.667	0.167	0.095	0.481	−0.147
教育目的及价值知识	0.371	0.739	0.164	0.265	0.148
一般教学法知识	0.840	0.308	0.114	−0.069	0.177
对学生的认知	0.166	0.023	0.878	0.264	0.235
教师的自我认知	0.129	0.532	0.765	−0.001	−0.062
教育技术使用的知识	0.181	0.884	0.123	−0.008	0.059

从这 5 个因子看，因子 1 可认为是教学方法论知识，因子 2 代表教育理论与技术知识，因子 3 代表教学经验知识，因子 4 是学科基础知识，因子 5 是学科前沿知识。

（2）知识传播效能影响因素的检验结果。知识传播效能影响因素的 KMO 和巴特利特球体检验的结果（表 5-23）显示，KMO 值为 0.476，小于 0.5；巴特利特球体检验值为 17.089，取值不大，相应的显著性概率 0.072>0.001 为不显著，这说明知识传播效能影响因素之间的相关性不强，因此不适合使用因子分析方法。

表 5-23 知识传播效能影响因素的 KMO 和巴特利特球体检验结果

KMO 抽样适度测定值		0.476
巴特利特球体检验	卡方检验值	17.089
	自由度	10
	显著性	0.072

五、评价指标体系的确定

根据评价指标和影响因素的 t 检验和因子分析结果，我们建立了如图 5-3

所示的大学教师知识效能评价指标和影响因素体系。这个指标体系与传统大学教师评价指标体系相比较，有以下优点：厘清了不同指标测度的范围，删减掉了一些重复计算的指标，指标体系更加清晰明了；考虑并增加了影响知识效能的因素指标，使指标体系更加科学合理。

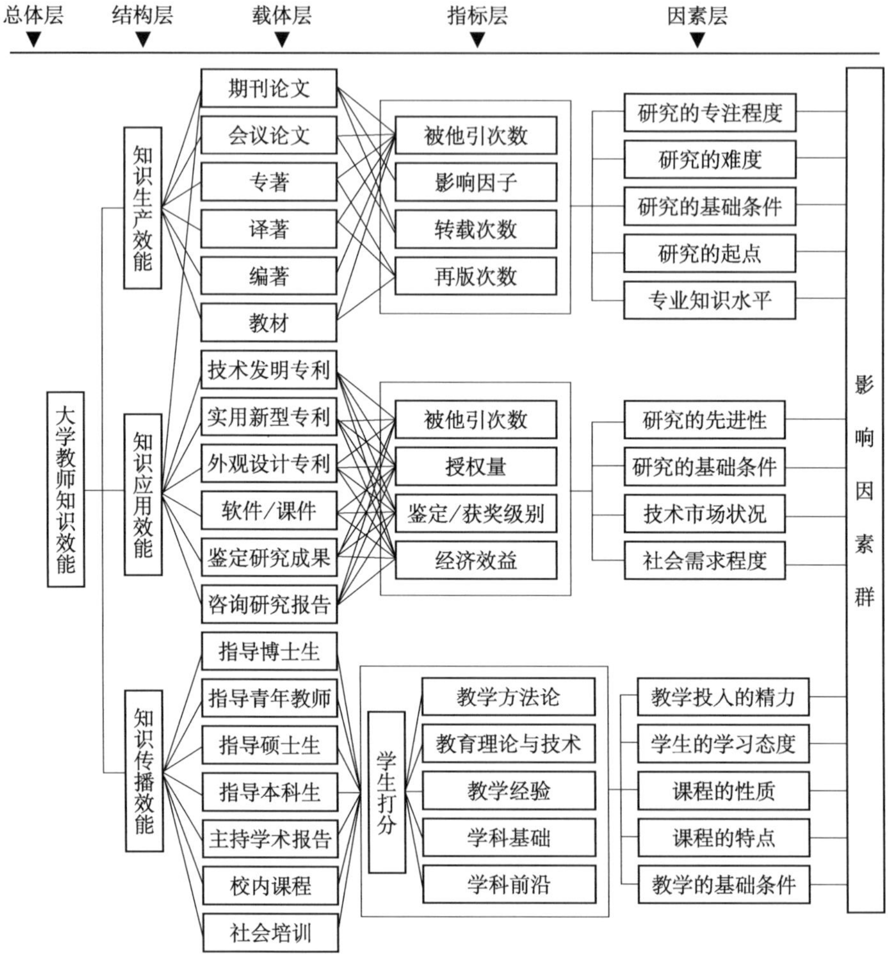

图 5-3　大学教师知识效能评价指标及影响因素体系图

第六节　评价指标体系的说明

大学教师知识效能评价指标和影响因素体系在使用的过程中，还要注意以下三个方面的问题。

一、指标体系的整体性

ICAS 理论对大学教师知识活动的解释表明，虽然个体知识活动具有不同的类型和层次，但是知识活动之间具有相互联系和相互转化的复杂内部机制，知识效能是以整体涌现的形式表现出来的。因此，要把大学教师知识效能评价指标体系当成一个整体加以看待和使用。整体性的原则并不排斥对指标体系的分解与重构。例如，采用“分解—重构”的还原论方法，可以发现有的教师对学问的贡献作用有限，但善于激励学生，有的教师善于将其他人的研究成果融会贯通。有创见的思想家和研究者并不是大学教授的唯一类型[118]。不将知识效能还原到要素层次，不了解知识效能的精细结构，对大学教师的整体评价只能是直观笼统的，缺乏科学性。这里强调指标体系的整体性，实质上是注重通过整合部分局部指标来获得对大学教师知识效能的整体认识。

二、指标构成的动态变化性

大学知识系统是一个动态演化的智能型复杂自适应系统。作为知识活动主体的大学教师在与大学知识系统的交互作用中，其知识活动遵循“适应—选择”的模式，即根据行为的效果修改自己的行为规则。前文所建立的大学教师知识效能评价指标体系，其指标构成是依据大学教师对知识活动效能信用分派的强度确定的，因此指标具有动态变化的特征。也就是说，一方面，大学教师个体知识活动的内部机制复杂多样，知识系统环境也千差万别。考查属于不同类型大学知识系统、不同类型知识效能结构的大学教师，指标的选取及指标权重的确定都应当有所不同。另一方面，大学知识系统是不断演化和发展的，其目标一直处于不断的变化与调整之中。大学教师知识效能评价指标不仅要正确反映知识效能输出对系统目标的实现程度，而且还要能够引导大学教师个体知识活动朝正确的方向发展，这一要求反映在评价指标体系上，就是指标构成的动态变化性。

三、指标体系的权变性与稳定性

自 20 世纪 70 年代以来，权变管理理论受到了管理学术界和企业界的高度重视。1976 年，美国学者卢桑斯（F. Luthans）在《管理导论：一种权变学》一书中系统地概括了权变管理理论：“权变理论就是要把环境对管理的作用具体化，并使管理理论与管理实践紧密地联系起来；环境是自变量，而管理的观念和技术是因变量；环境变量与管理变量之间的函数关系就是权变关系。”[119]依前文 ICAS 理论对大学整体知识活动的解释，大学教师知识效能评价又是一种管理的方式和手段，因此评价指标体系自然也就具有权变性。这就是说，并不存在适用于各种情况的普遍适用的指标体系，评价只能依据大学教师与各自所属知识系统关系的具体情况而定。但是，我们还应该看到，这种权变性并不是指随心所欲，指标体系的变化要从大学知识活动变化的客观实际出发，科学合理地加以调整，并且在一定时期保持相对稳定性。

第六章　大学教师知识效能评价的方法

最有价值的知识是关于方法的知识。——达尔文

了解科学的方法是正确的道路；遵循这个方法的人一定能得到永远可以信赖的知识。——摩西

评价方法是对评价活动的技术支持。在理论上，评价方法是保证评价过程科学性和可靠性的前提，在实践上，评价方法是保证评价结果有效性和合理性的基础。科学的评价方法不仅能够满足产生正确评价结果的要求，而且还能够满足实现评价目标的需要。大学教师知识活动的复杂性决定了知识效能评价是定性与定量相结合的，这一方面要求我们对定性指标采用适当的方法进行量化，另一方面还要把定量指标进行定性，同时，还要把维度不同且量纲不同的统计指标归一化处理为同量纲的相对评价值，最后，还要综合这些评价值以得出对大学教师知识效能整体的评价。钱学森先生指出，处理这一类问题的方法论是“从定性到定量综合集成方法”[120]。本书遵循这一方法论，选择系统工程、科学计量学和知识管理中适用的具体方法，建构大学教师知识效能多指标综合评价方法体系。这一方法体系主要涉及三大类方法：常规数学方法、模糊数学方法、多元统计方法。

第一节　定性指标定量化的方法

任何指标都有定性和定量两个方面。在大学教师知识效能评价指标体系中，一部分指标可以用数值精确表达，另一部分指标却只能用语言加以描述。这些描述是科学理论、经验知识和专家判断力的综合体现，具有十分宝贵的价值。不过，当我们寻求用定量方法处理这些复杂的定性指标时，容易注重于数学模型的逻辑处理，而忽视数学模型微妙的经验含义或解释[120]。复杂性科学告诉我们，处理这一类问题要把混沌当成混沌处理，把模糊性当成模糊性处理。本书认为，方法的好坏取决于指标处理适用性的需要，简单的指标适用简单的方法进行处理，使用复杂的方法处理简单的问题不仅徒劳无益，反而会使问题更加复杂化。大学教师知识效能评价指标体系中定性指标定量化需要完成

两个任务：一是指标体系中定性指标的量化权重；二是评价过程中定性指标的量化值。为完成这两个任务，本书采用德尔菲法处理第一个任务，采用灰色评价法实现第二个任务。

一、确定指标权重的方法——德尔菲法

德尔菲法最早出现于20世纪50年代末，是当时美国为了预测在其“遭受原子弹轰炸后，可能出现的结果”而发明的一种方法。1964年美国兰德（Rand）公司的赫尔默（O. Helmer）和戈登（N. Gordon）发表了《长远预测研究报告》，首次将德尔菲法用于技术预测中，之后，这种方法迅速在美国和其他国家得到推广。德尔菲法用于大学教师知识效能评价具有如下几个特征：①吸收同行专家参与评价，充分发挥同行专家评价源的经验和学识；②采用匿名或背靠背的方式，能使每一位专家独立、自由地做出自己的判断；③判断过程经过几轮反馈，使专家的意见逐渐趋同。

1. 具体实施步骤

（1）组成专家小组。按照受评价大学教师所属的知识系统确定专家。专家人数的多少，可根据对评价结果的权威性和可信服性确定，一般不超过20人。

（2）向所有专家提出有关评价的要求，并附上有关评价指标的所有背景材料，同时请专家提出还需要什么材料。然后，由专家做书面答复。

（3）各个专家根据他们所收到的材料，提出自己的评价意见，并说明自己是怎样利用这些材料赋值的。

（4）将各位专家的第一次判断意见汇总，列成图表，进行对比，再分发给各位专家，让专家比较自己同他人的不同意见，修改自己的意见和判断。

（5）将所有专家的修改意见收集起来，汇总，再次分发给各位专家，以便做第二次修改。

（6）对专家的意见进行综合处理。专家赋值不一定都要达到统一，不统一可以用中位数和上下四分点来作结论。

2. 注意事项

（1）避免专家们面对面的集体讨论，而是由专家单独提出意见，防止其中一些人因不愿批评或否定其他人的观点而放弃自己的合理主张。

（2）在受评价大学教师所属知识系统内部选择真正的同行专家。

（3）为专家提供充分的评价信息，使其有足够的根据做出判断。

（4）允许专家粗略估计数字，不要求精确。

（5）尽可能将过程简化，不问与评价无关的问题。

（6）保证所有专家能够从同一角度去理解评价指标的分类及其意义。

二、测度指标量值的方法——灰色评价法

1982 年，我国学者邓聚龙教授创立了灰色系统理论，用以研究少数据、贫信息的不确定性问题。我们知道，大学教师知识效能的定性指标是模糊的，虽然我们可以使用专家强制打分的方法获得精确的量化统计值，但是，这样做无论是理论上还是方法上都过于主观。系统科学告诉我们，模糊问题要模糊处理，因此大学教师知识效能定性指标量值要使用灰色评价法来测度。把灰色系统理论用于大学教师知识效能评价，可以解决评价指标确定但对指标无法精确赋值的问题。具体操作步骤如下。

（1）制定评分等级。将指标的等级分为很差、较差、一般、较好、很好 5 级，分别赋值为 1、2、3、4、5 分，当认为指标等级介于两相邻等级之间时，则相应评分为 1.5、2.5、3.5、4.5 分。

（2）按照受评价大学教师所属的知识系统选择并组成同行专家组。

（3）请专家依据他们所掌握的实际情况，对受评大学教师的各项指标评分。设有 l 名专家参与对 n 名大学教师进行评分，指标共有 m 个，其中第 k 名专家对第 i 名大学教师知识效能的第 j 项指标的评分为 x_{kij}，则该大学教师的该项指标的最后得分 x_{ij} 为

$$x_{ij}=\frac{\sum_{k=1}^{l}x_{kij}}{l}\quad (i=1,2,\cdots,n;j=1,2,\cdots,m) \tag{6-1}$$

依据式（6-1），我们可以得到大学教师知识效能定性指标值的得分。

（4）确定评价灰类及其相关的白化权函数。我们将指标评价灰类取为低、较低、中等、较高、高 5 级，相应地，将各个指标的取值范围［1，5］也划分为 5 个区间，用［1，1.5］、［1.5，2.5］、［2.5，3.5］、［3.5，4.5］、［4.5，5］分别对应于上述 5 级灰类。设 a_k（k=1，2，3，4，5）为第 k 个灰类区间的起点，a_{k+1}为第 k 个灰类区间的终点（下一个灰类区间的起点），并将上述各分指标的取数域分别向左、右延拓至 a_0=0.5，a_7=5.5。在此情况下，求 $\lambda_k=(a_k+a_{k+1})/2$（$k$=1，2，3，4，5），并令 λ_k 属于第 k 个灰类的白化权函数值为 1，连接（λ_k，1）与第 k−1 个灰类的起点 a_{k-1}和第 k+1 个灰类的终点 a_{k+2}，就得到最后一级分指标 j（j=1，2，3，4，5）属于灰类 k（k=1，2，3，4，5）的白化权函数 $\int_j^k(x)$。这样就可以得到 j 属于灰类 1、2、3、4、5 的白化权函数，分别为

$$\int_{j}^{1}(x)=\begin{cases}0 & x\in[0.5,2.5]\\ \dfrac{x-0.5}{1.25-0.5} & x\in[0.5,1.25]\\ \dfrac{2.5-x}{2.5-1.25} & x\in[1.25,2.5]\end{cases} \tag{6-2}$$

$$\int_{j}^{2}(x)=\begin{cases}0 & x\in[1,3.5]\\ \dfrac{x-1}{2-1} & x\in[1,2]\\ \dfrac{3.5-x}{3.5-2} & x\in[2,3.5]\end{cases} \tag{6-3}$$

$$\int_{j}^{3}(x)=\begin{cases}0 & x\in[1.5,4.5]\\ \dfrac{x-1.5}{3-1.5} & x\in[1.5,3]\\ \dfrac{4.5-x}{4.5-3} & x\in[3,4.5]\end{cases} \tag{6-4}$$

$$\int_{j}^{4}(x)=\begin{cases}0 & x\in[2.5,5]\\ \dfrac{x-2.5}{4-2.5} & x\in[2.5,4]\\ \dfrac{5-x}{5-4} & x\in[4,5]\end{cases} \tag{6-5}$$

$$\int_{j}^{5}(x)=\begin{cases}0 & x\in[3.5,5.5]\\ \dfrac{x-3.5}{4.75-3.5} & x\in[3.5,4.75]\\ \dfrac{5.5-x}{5.5-4.75} & x\in[4.75,5.5]\end{cases} \tag{6-6}$$

（5）计算专家打分值属于各灰类的灰色评价值。第 i 名大学教师知识效能定性指标的灰色评价值 δ_i^k 为

$$\delta_i^k=\sum_{j=1}^{m}\int_{j}^{k}(x_{ij})\quad(i=1,2,\cdots,n;k=1,2,3,4,5) \tag{6-7}$$

其中，x_{ij} 是第 i 名大学教师定性指标 j 的得分，$\int_{j}^{k}(x_{ij})$ 是第 i 名大学教师在指标 j 下属于灰类 k 的白化权函数值。

定性指标统计值的量化处理十分重要，传统大学教师评价中往往是强行划定界限，人为地使每个定性指标都有精确的量值，实际上是把模糊性简化为精确性处理了。使用灰色评价法确定大学教师知识效能定性指标的量值，在方法论意义上就是承认知识效能定性指标的模糊性，把模糊性当成模糊性进行处理。

第二节　定量指标定性化的方法

定量和定性是指标对立统一的两个方面，大学教师知识效能的量化指标同样需要进行定性的处理才能够使指标具有更加科学合理的解释力。这一工作我们采用文献计量法结合模糊综合评判法加以实现。

一、统计指标量值的方法——文献计量法

文献计量法就是用数学与统计学的方法对大学教师发表的论文、著作、教材、专利等文献分析对象的内容和被引用情况进行分析，进而描述大学教师知识效能定量指标的内容、结构和特征的方法。文献计量学中的方法很多，大学教师知识效能评价中主要使用的是内容分析法（content analysis）和引文分析法（citation analysis）两种。

1. 内容分析法

内容分析法是指对文献内容作客观系统的定量分析的方法。大学教师知识效能评价采用这种方法的目的是要弄清定量指标的本质，揭示指标所蕴涵的隐性内容，获得对指标的全面认识。具体的操作步骤如下。

（1）根据大学教师知识效能评价指标体系的分析维度，设计将评价材料内容进行分类的项目和标准。

（2）依据分类的项目和标准，抽取分析材料。

（3）按照分析维度（类目）用量化方式记录评价材料在各分析维度（类目）上的量化数据（如有、无、数字形式、百分比等）并做出统计。

（4）对统计结果（所获得数据）进行处理，描述各分析维度（类目）特征及相互关系，并依据评价目标进行比较，得出关于指标对象外显和内隐的特征、异同点或趋势等方面的定性认识。

内容分析法具有客观化、结构化、非接触、定量与定性相结合和揭示隐性内容的优势。使用这种方法处理大学教师知识效能的定量指标，不但可以获得指标的统计量值，而且还可以挖掘出指标的隐性特征，加深对指标性质的认识。

2. 引文分析法

引文分析就是利用数理统计方法来揭示文献群内部关系的方法。我们知道，大学教师任何一项知识成果都不可能是一个人努力的结果，都是吸收了前人和今人的研究成果。一个新的科学理论的提出，都是总结概括实践经验的结

果[121]。大学知识系统内部各学科之间、论文之间、研究人员之间及学术期刊之间是相互联系的，这种关系最集中的表现就是文献的相互引证。20 世纪 50 年代初，美国情报学者加菲尔德（E. Garfield）创建了与以往传统的主题法和分类法不同的文献检索法——引文索引法，使我们利用引用数据库评价大学教师的科研成果成为可能。当前，在大学教师评价中所使用的引文分析法主要有影响因子法（impact factor，IF）、*h* 指数法（high citations）和 *g* 指数法、再版次数法和书评量法等。

（1）影响因子法。影响因子是美国科学信息研究所（ISI）的期刊引证报告（JCR）中的一项数据，它根据某刊物前两年发表的论文总数与引用总次数来定义“影响因子”；根据某刊物当年发表论文总数与引用总次数定义“即时指标”。刊物的影响因子越高，反映其刊载的论文引用率越高；即时指标越高，反映其论文被引用的速度越快。能够在影响因子高的刊物上发表文章也就反映出作者的学术水平较高。

（2）*h* 指数法和 *g* 指数法。*h* 指数法是美国加利福尼亚大学圣地亚哥分校物理学家乔治·赫希（J. Hirsch）在 2005 年提出的一种评价科研人员学术成就的新方法。*h* 指数就是“高引用次数”，一个人的 *h* 指数是指他至多有 *h* 篇论文分别被引用了至少 *h* 次。例如，赫希本人的 *h* 指数是 49，这表示他已发表的论文中，每篇被引用了至少 49 次的论文总共有 49 篇。2006 年，比利时著名科学计量学家埃格赫（V. Eghhe）在分析 *h* 指数法评价效果时，提出了一种基于学者以往贡献的 *g* 指数，即将论文被引次数高低排序，并且将排序的序号平方，被引次数逐次累加，当序号平方等于累积被引次数时，这时的序号就被定义为 *g* 指数。如果序号平方不能恰好等于而是小于对应的累积被引次数，则最接近累计被引次数的序号就是 *g* 指数。*g* 值越大，表明学者的学术成就越大[122]。

（3）再版次数法和书评量法。对于期刊论文我们可以使用引用次数和影响因子的方法对其进行定性化处理，对于著作和教材虽然也有一定的被引用次数，但是这并不足以说明该书的学术价值。一般而言，学术类书籍由于受学科和知识水平的限制，发行量要远小于普通的大众化读物。也正因为如此，一本学术价值高的书籍往往会由于其发行量小于需求量而不断再版。而且，由于其在学术领域的知识贡献，会有大量的书评性文章在报纸或杂志上发表。所以，著作、教材的再版次数和书评量是反映其效能的一个重要指标。不过，著作和教材在性质上还有一定的差别，相对而言，在知识类型上，著作属于探究性的知识，而教材属于综合性的知识；在面向的对象上看，著作面向的是学术工作者，教材面向的是学生，因此对于著作和教材的再版次数和书评量还要区别对待。

从本质上说，上述方法建立在文献被关注次数的基础之上，这种受关注的程度本身就是效能的一部分。不过，就引文量而言，它所说明的只是发表成果在学术界的影响力，并不是对知识质量本身的直接测度，而且文献是否被关注还受很多人为和随机因素的影响。就引文量而言，从 ICAS 原理来看，文献进入到知识系统之后，只有被别人引用（他引）才说明其蕴涵着有意义的差异，自引不是知识效能的增值与放大，对知识系统并没有产生标志的作用，因此文献的被他引情况更具有操作的意义。从对历年诺贝尔奖获得者的论文被引用情况的统计来看，物理学、化学、医学领域中诺贝尔奖获得者中，其论文被他引次数最高者（L. D. Landan）为 1888 次，最低的也有 79 次（J. H. D. Jensen），只有 6 名低于 200 次[123]。就期刊影响因子而言，任何一个学科领域基本上都有一些被学者们普遍认可的权威期刊，而这些期刊的影响因子一般也都较高。虽然不能排除一些学术水平和价值较高的学术论文可能会发表在影响因子相对较低的刊物上，但是，从总体上看，这种现象毕竟还是少数，尤其是在学术界普遍强调其重要性的情况下。因此，期刊的影响因子可以作为一个独立的指标考查大学教师发表论文的知识效能。与期刊影响因子同样，h 指数或 g 指数的指标值主要来源于论文的被引用次数，对其他类型知识载体的考虑较少，而且它还是一个标准相当高的要求，适合用于对资深的、研究成果丰富的科研人员的评价，对于普通大学教师的操作意义并不大，因此，我们应将其应用到对大学教师知识生产和应用效能极其突出（超过指标测度峰值）的大学教师的特殊评价中去。

综上所述，从实践可操作的意义上看，引文分析法中的文献被引用量、书籍的再版次数和书评量最能够直接反映大学教师的知识效能。不过，我们应该注意的是，这些指标的量值只有增加到一定数量时才具有定性的意义，如被引用 1 次和被引用 9 次的论文之间的差别很难说清楚，但是被引用 1 次和被引用 100 次的论文之间的差距却是显而易见的。因此，对这些指标量值我们还要使用模糊综合评判法对其进行进一步的定性处理。

二、确定指标权重的方法——模糊综合评判法

模糊综合评判法是根据模糊关系合成的原理，从多个因素对被评判对象隶属等级状况进行综合性评判的一种方法。它根据各指标的权重，以及各指标与被评价对象的模糊矩阵，经模糊关系合成运算，采用一定的评判模型，综合各指标的作用，对评价对象做出评价。模糊综合评判的具体实施步骤

如下。

1. 建立指标集和权重集

影响评价对象的各指标组成的集合叫指标集，指标集是个普通集合 U，$U=(u_1, u_2, \cdots, u_i)$，集合 U 的元素 u_i 均具有不同程度的模糊性。

权重是指各指标影响评价对象的程度不尽相同。为了区别各指标的重要程度，对各因素 $U_i(i=1, 2, \cdots, m)$ 赋予一相应的权重 $a_i(i=1, 2, \cdots, m)$，由各指标的权重组成的集合叫权重集，即 $A=(a_1, a_2, a_3, \cdots, a_m)$。通常各指标的权重需要满足归一性和非负性条件，即

$$\sum_{i=1}^{m} a_i = 1 \quad (i=1,2,3,\cdots,m), a_i \geqslant 0 \quad (i=1,2,3,\cdots,m) \tag{6-8}$$

很显然，权重集也是一个模糊集，因此权重集也可视为各因素集上的模糊子集，并可表示为

$$A=\frac{a_1}{u_1}+\frac{a_2}{u_2}+\cdots+\frac{a_m}{u_m} \tag{6-9}$$

各指标具体的权重值通过层次分析法获得。

2. 建立评价集

评价集是评价者对评价对象可能做出的各种评价结果所组成的集合，用 V 表示，$V=(v_1, v_2, v_3, \cdots, v_n)$。

3. 单指标模糊评判

单独对一个评价指标进行评判，以确定评价对象对评价集中各指标的隶属程度，称为单指标模糊评判。设评价对象按指标集中第 i 个因素 u_i 进行评判时，对评价集中第 j 个元素 V_j 的隶属程度记为 r_{ij}，那么单指标模糊评判的结果可表示为如下的模糊集合

$$R_i=\frac{r_{i1}}{v_1}+\frac{r_{i2}}{v_2}+\cdots+\frac{r_{in}}{v_n} \quad (i=1, 2, 3, \cdots, m) \tag{6-10}$$

R_i 通常称为单指标评价集，将因素集 U 中各个指标的单指标评价集排列成行可组成一个模糊矩阵 R，称为单因素评价矩阵，即

$$R=\begin{pmatrix} R_1 \\ R_2 \\ \cdots \\ R_m \end{pmatrix}=\begin{pmatrix} r_{11} & r_{12} & \cdots & r_{1n} \\ r_{21} & r_{22} & \cdots & r_{2n} \\ \vdots & \vdots & & \vdots \\ r_{m1} & r_{m2} & \cdots & r_{mn} \end{pmatrix} \tag{6-11}$$

4. 模糊综合评判

单指标模糊评判仅仅反映了一个因素对评价对象的影响，我们评价的目的是要综合考虑所有因素的影响，这就是模糊综合评判。

当权重集 A 和单指标评价矩阵 R 为已知时，考虑到指标集中各指标的权重并不一致，如果各项作用乘以相应的指标权数 a_i（$a_i=1, 2, \cdots, a_m$），便能合理反映所有指标的综合影响。因此模糊综合评判可表示为

$$B=A\circ R=(a_1, a_2, \cdots, a_m)\circ\begin{pmatrix} r_{11} & r_{12} & \cdots & r_{1n} \\ r_{21} & r_{22} & \cdots & r_{2n} \\ \vdots & \vdots & & \vdots \\ r_{m1} & r_{m2} & \cdots & r_{mn} \end{pmatrix}=(b_1, b_2, \cdots, b_n) \tag{6-12}$$

其中，$b_j=\bigvee_{i=1}^{m}(a_i\wedge r_{ij})$（$j=1, 2, \cdots, n$）。

B 称为模糊综合评判集，其元素 b_i（$i=1, 2, \cdots, n$）为模糊综合评判指标，即综合考虑评价集中的所有因素的影响时，评价对象对评价集中第 i 个元素 v_i 的隶属度。"$\circ$"表示模糊变换算法。在获得了模糊综合评判集 B 后，即可根据具体情况对评判指标进行处理，从而确定评价对象的评价结果。

模糊综合评判方法从层次性角度分析复杂事物，一方面，符合复杂事物的状况，有利于最大限度地客观描述被评价对象；另一方面，有利于尽可能准确地确定权数。而且，越是内容复杂、结构层次多的事物，应用多层次模糊综合评判，效果就越理想。并且，模糊综合评判方法适用性较强，弥补了其他方法的不足，模糊综合评判既可以用于定性指标的综合评判，又可以用于定量指标的综合评判。

第三节 多指标综合集成的方法

大学教师知识效能是一个整体，指标体系分解的目的是认识的深化。在对大学教师知识效能各项指标的定性和定量化处理完毕之后，我们还要对指标体系进行综合集成，进而获得对大学教师知识效能的整体认识。这个过程我们可以通过层次分析法和功效系数法实现。

一、权重集成的方法——层次分析法

层次分析法（analytical hierarchy process，AHP）是美国匹兹堡大学萨蒂（A. L. Saaty）教授于 20 世纪 70 年代提出的一种综合定性与定量分析方法，用以解决多因素复杂系统，特别是难以定量描述的社会系统的分析方法。层次分析法把复杂问题分解成各个组成因素，又将这些因素按支配关系分组形成递阶

层次结构。通过两两比较的方式确定各个因素相对重要性，然后综合决策者的判断，确定决策方案相对重要性的总排序。

层次分析法具有思路清晰、方法简便、适用面广、系统性强的特点，应用它解决问题的思路是：首先，把要解决的问题分层系列化，即根据问题的性质和要求达到的目标，将问题分解为不同的组成因素，按照因素之间相互影响和隶属关系将其分层聚类组合，形成一个递阶的、有序的层次结构模型；其次，对模型中每一层次因素的相对重要性，依据人们对客观现实的判断给予定量表示，再利用数学方法确定每一层次全部因素相对重要性次序的权值；最后，通过综合计算各层因素相对重要性的权值，得到最低层相对于最高层的相对重要性测序的组合权值。层次分析法将人们的思维过程和主观判断数学化，不仅能够简化系统分析和计算工作，而且有助于决策者保持思维过程和决策原则的一致性。

运用层次分析法确定评价指标的权重可分四个步骤进行：①分析指标体系中各指标之间的关系，建立指标之间的递阶层次结构；②对同一级各指标关于上一级指标的重要性进行两两比较，构造两两比较的判断矩阵；③由判断矩阵计算被比较指标对于上一级指标的相对权重；④计算各层指标对评价目标的合成权重，并进行排序。具体过程如下。

1. 递阶层次结构的建立

首先把评价指标条理化、层次化，构造出一个层次分析的结构模型。在模型中，指标被分解为一级指标、二级指标和三级指标，把这些指标按照适用范围属性分成若干组，形成不同层次。同一层次的指标作为准则对下一层的指标起支配作用，同时它又受上一层次指标的支配。依此原则构造出如图 6-1 所示的递阶层次结构。

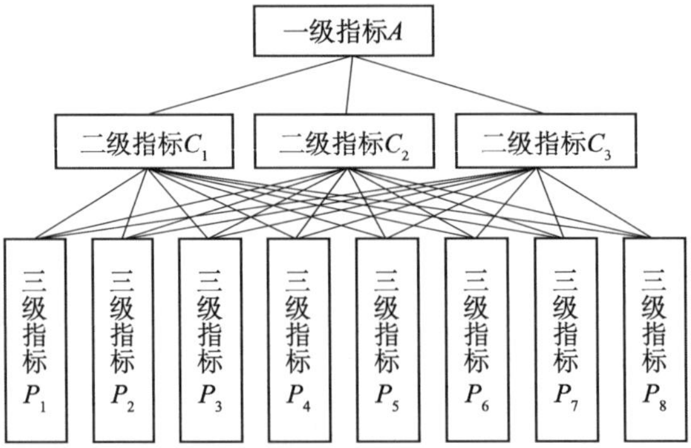

图 6-1　递阶层次结构模型

上一级指标可以支配下一级所有的指标，也可只支配其中部分指标。如果上一层指标与下一层指标之间均有联系，那么这个指标与下一层指标之间就是存在完全层次关系。理论上，上一级指标所支配的下一级指标不要超过 9 个，因为支配的指标过多会给两两比较判断带来困难。

2. 构造两两比较判断矩阵

在递阶层次结构中，设上一层指标 C 为准则，所支配的下一层指标 u_1，u_2，…，u_n 对于指标 C 的相对重要性即权重。由于知识活动的复杂性，u_1，u_2，…，u_n 对于 C 的重要性无法直接定量，而只能定性，我们用两两比较方法确定其权重。具体方法是：对于指标 C，指标 u_i 和 u_j 哪一个更重要，重要的程度如何，按 1～9 比例标度对重要性程度赋值，表 6-1 中列出了 1～9 标度的含义。

表 6-1　标度的含义

标度	含义
1	表示两个指标相比，具有同样重要性
3	表示两个指标相比，前者比后者稍重要
5	表示两个指标相比，前者比后者明显重要
7	表示两个指标相比，前者比后者强烈重要
9	表示两个指标相比，前者比后者极端重要
2，4，6，8	表示上述相邻判断的中间值
倒数	若指标 i 与 j 的重要性之比为 a_{ij}，那么指标 j 与指标 i 重要性之比为 $a_{ji}=1/a_{ij}$

对于二级指标 C，n 个三级指标之间相对重要性的比较得到一个两两比较判断矩阵

$$A=(a_{ij})_{n\times n} \tag{6-13}$$

其中，a_{ij} 就是指标 u_i 和 u_j 相对于 C 的重要性的比例标度。判断矩阵 A 具有下列性质：$a_{ij}>0$，$a_{ji}=1/a_{ij}$，$a_{ii}=1$。

由判断矩阵所具有的性质可知，一个 n 个指标的判断矩阵只需要给出其上（或下）三角的 $n(n-1)/2$ 个元素就可以了，即只需做 $n(n-1)/2$ 个比较判断即可。

若判断矩阵 A 的所有元素满足 $a_{ij}\cdot a_{jk}=a_{ik}$，则称 A 为一致性矩阵。

不是所有的判断矩阵都满足一致性条件，也没有必要这样要求，只是在特殊情况下才有可能满足一致性条件。

3. 指标相对权重的计算方法

已知 n 个三级指标 u_1，u_2，…，u_n 对于二级指标 C 的判断矩阵为 A，求 u_1，u_2，…，u_n 对于指标 C 的相对权重 ω_1，ω_2，…，ω_n，写成向量形式即为

$W=(\omega_1, \omega_2, \cdots, \omega_n)^T$。

(1) 和法。将判断矩阵 A 的 n 个行向量归一化后的算术平均值，近似作为权重向量，即

$$\omega_i = \frac{1}{n}\sum_{j=1}^{n}\frac{a_{ij}}{\sum_{k=1}^{n}a_{kj}} \quad (i=1, 2, \cdots, n) \tag{6-14}$$

计算步骤如下：

第一步，A 的指标按行归一化；

第二步，将归一化后的各行相加；

第三步，将相加后的向量除以 n，即得权重向量。

类似的还有列和归一化方法计算，即

$$\omega_i = \frac{\sum_{j=1}^{n}a_{ij}}{n\sum_{k=1}^{n}\sum_{j=1}^{n}a_{kj}} \quad (i=1, 2, \cdots, n) \tag{6-15}$$

(2) 根法（即几何平均法）。将 A 的各个行向量进行几何平均，然后归一化，得到的行向量就是权重向量。其公式为

$$\omega_1 = \frac{\left(\prod_{j=1}^{n}a_{ij}\right)^{\frac{1}{n}}}{\sum_{k=1}^{n}\left(\prod_{j=1}^{n}a_{kj}\right)^{\frac{1}{n}}} \quad (i=1, 2, \cdots, n) \tag{6-16}$$

计算步骤如下：

第一步，A 的指标按列相乘得一新向量；

第二步，将新向量的每个分量开 n 次方；

第三步，将所得向量归一化后即为权重向量。

(3) 特征根法（Eigenvalue Method，EM）。解判断矩阵 A 的特征根问题

$$AW=\lambda_{max}W \tag{6-17}$$

其中，λ_{max}是 A 的最大特征根，W 是相应的特征向量，所得到的 W 经归一化后就可作为权重向量。

(4) 对数最小二乘法。用拟合方法确定权重向量 $W=(\omega_1, \omega_2, \cdots, \omega_n)^T$，使残差平方和 $\sum_{1\leqslant i\leqslant j\leqslant n}[\lg a_{ij}-\lg(\omega_i/\omega_j)]^2$ 为最小。

(5) 最小二乘法。确定权重向量 $W=(\omega_1, \omega_2, \cdots, \omega_n)^T$，使残差平方和

$$\sum_{1\leqslant i\leqslant j\leqslant n}[\lg a_{ij}-\lg(\omega_i/\omega_j)]^2 \text{ 为最小。}$$

4. 判断矩阵的一致性检验

在计算单准则下权重向量时，还必须进行一致性检验。在判断矩阵的构造中，并不要求判断具有传递性和一致性，即不要求 $a_{ij} \cdot a_{jk} = a_{ik}$ 严格成立，这是由客观事物的复杂性与人的认识的多样性所决定的。但要求判断矩阵满足大体上的一致性是应该的。如果出现“指标 P_1 比指标 P_2 极端重要，P_2 比 P_3 极端重要，而 P_3 又比 P_1 极端重要”的判断，则显然是违反常识的，一个混乱的经不起推敲的判断矩阵有可能导致决策上的失误。而且上述各种计算排序权重向量（即相对权重向量）的方法，在判断矩阵过于偏离一致性时，其可靠程度也就值得怀疑了，因此要对判断矩阵的一致性进行检验，具体步骤如下。

（1）计算一致性指标（consistency index，CI），公式为

$$\mathrm{CI}=\frac{\lambda_{\max}-n}{n-1} \tag{6-18}$$

（2）查找相应的平均随机一致性指标（random index，RI）。

表 6-2 给出了 1～15 阶正互反矩阵计算 1000 次得到的平均随机一致性指标。

表 6-2　平均随机一致性指标

矩阵阶数	1	2	3	4	5	6	7	8
RI	0	0	0.52	0.89	1.12	1.26	1.36	1.41
矩阵阶数	9	10	11	12	13	14	15	
RI	1.46	1.49	1.52	1.54	1.56	1.58	1.59	

（3）计算一致性比例（consistency ratio，CR），公式为

$$\mathrm{CR}=\frac{\mathrm{CI}}{\mathrm{RI}} \tag{6-19}$$

当 CR<0.1 时，认为判断矩阵的一致性是可以接受的；当 CR≥0.1 时，应该对判断矩阵做适当修正。

为了讨论一致性，需要计算矩阵最大特征根 $\lambda_{\max}$，除常用的特征根方法外，还可使用公式

$$\lambda_{\max}=\sum_{i=1}^{n}\frac{(AW)_i}{n\omega_i}=\frac{1}{n}\sum_{i=1}^{n}\frac{\sum_{j=1}^{n}a_{ij}\omega_j}{\omega_i} \tag{6-20}$$

（4）计算各层指标对目标层的总排序权重。上面得到的是一组指标对其上一层中某指标的权重向量。最终要得到各指标，特别是最低层中各指标对于目标的排序权重，即所谓总排序权重，从而进行方案的选择。总排序权重要自上而下地将单准则下的权重进行合成，并逐层进行总的判断一致性检验。

设 $W^{k-1}=(\omega_1^{k-1}, \omega_2^{k-1}, \cdots, \omega_{k-1}^{k-1})^T$ 表示第 $k-1$ 层上 n_{k-1} 个指标相对于总目标的排序权重向量，用 $P_j^k=(p_{1j}^k, p_{2j}^k, \cdots, p_{n_kj}^k)^T$ 表示第 k 层上 n_k 个指标对第 $k-1$ 层上第 j 个指标为准则的排序权重向量，其中不受 j 指标支配的元素权重取为零。矩阵 $P^k=(P_1^k, P_2^k, \cdots, P_{n_{k-1}}^k)^T$ 是 $n_k\times n_{k-1}$ 阶矩阵，它表示第 k 层上元素对 $k-1$ 层上各指标的排序，那么第 k 层上指标对目标的总排序 W^k 为

$$W^k=(\omega_1^k, \omega_2^k, \cdots, \omega_{n_k}^k)^T=P^k\cdot W^{k-1} \tag{6-21}$$

或

$$\omega_i^k=\sum_{j=1}^{n_{k-1}} p_{ij}^k\omega_j^{k-1} \qquad (i=1, 2, \cdots, n) \tag{6-22}$$

并且一般公式为 $W^k=P^kP^{k-1}\cdots W^2$。

其中，W^2 是第二层上指标的总排序向量，也是单准则下的排序向量。

要从上到下逐层进行一致性检难，若已求得 $k-1$ 层上指标 j 为准则的一致性指标 CI_j^k，平均随机一致性指标 RI_j^k，一致性比例 CR_j^k（其中 $j=1, 2, \cdots, n_{k-1}$），则 k 层的综合指标为

$$\mathrm{CI}^k=(\mathrm{CI}_1^k, \cdots, \mathrm{CI}_{n_{k-1}}^k)\cdot W^{k-1} \tag{6-23}$$

$$\mathrm{RI}^k=(\mathrm{RI}_1^k, \cdots, \mathrm{RI}_{n_{k-1}}^k)\cdot W^{k-1} \tag{6-24}$$

当 $\mathrm{CR}^k<0.1$ 时，认为递阶层次结构在 k 层水平的所有判断具有整体满意的一致性。

二、综合评价的方法——功效系数法

有了指标体系的权重集和各项指标的具体量值，我们就可以对大学教师的知识效能进行综合评价了。不过综合评价绝不是简单的加权计总，任何事物都有其自身的合适量度，并且最终都有不可避免的局限性，一旦超越了这种限制，必定会出错。一方面大学教师知识效能各项指标的量纲不同，无法直接加总；另一方面我们不但要获得可以比较的知识效能总量值，而且还要考虑各项指标合适的量度，实现对知识效能“度”的评价。解决这两个方面的问题我们可以采用哈灵顿（E. C. Harrington）在 1956 年提出的求解多目标最优化问题的方法——功效系数法（Efficacy Coefficient Method）实现。具体操作步骤如下。

（1）建立评价指标集 X，$X=(x_1, x_2, \cdots, x_i)$，统计并记录各项指标的量值 x_i（$i=1, 2, \cdots, n$）。

（2）使用德尔菲法确定大学教师知识生产、传播和应用效能的理想值 x_{hi} 和

满意值 x_{si}。理想值就是在一定时期范围内尽最大努力能达到最高值；满意值就是在一定时间范围内按较低水平衡量必须达到的数值。由于大学教师知识效能载体是复杂多样的，同级知识载体可以互相替代，并且孤立的单项指标都属于极大型变量，所以，我们将知识生产和传播效能的载体统一折算为论文，将知识传播效能的载体折算为课时进行统计和计量。

（3）分别计算知识生产、传播和应用效能指标的功效系数 d_i

$$d_i=\frac{x_i-x_{si}}{x_{hi}-x_{si}}\times 40+60 \tag{6-25}$$

（4）依据使用层次分析法获得的指标权重集，计算综合功效系数 D，采用加权几何平均法计算。公式为

$$D=\prod_{i}^{n} d_i^{p_i} \quad (i=1,2,\cdots,n) \tag{6-26}$$

$D<60$，表示该评价对象为不及格；$60\leqslant D\leqslant 100$，值越大，说明效能越好；$D>100$，要对被评价对象进行特殊考查。

使用功效系数法对大学教师知识效能各项指标进行综合评价的优势在于：它从不同侧面对评价指标进行计量，正好满足了大学教师知识效能多指标综合评价体系的要求；同时，它还设置了在相同条件下评价指标所参照的指标值范围，减少了单一标准评价而造成的评价结果偏差。在具体评价中，它既可以实现对大学教师知识生产、传播和应用效能的单独评价，又可以实现综合的评价；既可以实现对大学教师知识效能量与质的评价，也可以实现对知识效能度的考查。

第七章　研究型大学教师知识效能评价的应用案例

没有什么比好的理论更具有实践性。——库尔特·勒温

没有什么比好的实践更加理论化。——迈克尔·弗兰

研究型大学是一个国家的科技和社会生产力发展到一定阶段的产物，是高等学校适应社会需要而发展形成的一类大学形态。研究型大学在培养精英人才、促进科技进步、推动经济发展等方面发挥着举足轻重的作用。本章在探讨研究型大学分类、特征，以及研究型大学教师知识效能结构的基础上，使用案例研究的方法，依据上述章节所建立的知识效能评价指标和方法体系，对样本所选取的研究型大学教师进行知识效能评价。

第一节　研究型大学教师的知识效能结构

一、研究型大学的分类和特征

1. 美国卡内基教学促进基金会对研究型大学的分类及特征

卡内基美国大学分类是由卡内基教学促进基金会（Carnegie Foundation for the Advancement of Teaching，CFAT）制订的，是目前美国高等教育界最为广泛采纳的划分方法，囊括了除无学位职业学校和技术学校之外的所有类型的教育机构。卡内基大学分类把学校划分为十种类型，可以粗略地分为六大范畴，外加原来没有包括在内的一个类型。它们是：大型研究型大学、小型授予博士学位大学、综合教育机构、学士学位教育机构、两年制学院学位教育机构和特殊教育机构，外加职业学校和技术学校[124]。其中，研究型大学的分类及其特征如表 7-1 所示。

表 7-1　美国卡内基教学促进基金会对研究型大学的分类及特征

类型名称	类型标准	类型细分	标准细分
大型研究型大学	绝大多数或全部教员的主要工作集中在研究活动上。这类大学可以在广泛的许多学科中授予博士学位，大部分收入是来自赞助的研究项目	研究型大学Ⅰ	提供全部各个学科的大学本科教育；重点为一直到博士学位的研究生课程；授予从学士到博士的学位；学校注重研究项目；每年授予 50 个以上的博士学位；每年接受联邦 4000 万美元以上的经费资助

续表

类型名称	类型标准	类型细分	标准细分
		研究型大学Ⅱ	其他各项与Ⅰ类研究型大学相同，只是每年接受联邦的经费资助在1550万～4000万美元
小型授予博士学位大学	提供多种学科的学习研究，但只在相对较少的学科中授予博士学位和指导高级研究	博士学位大学Ⅰ	提供全部各个学科的大学本科教育；注重一直到博士学位的研究生课程；授予从学士直到博士的学位；学校重点是提供研究生课程；每年在五个以上的学科中授予至少40个博士学位
		博士学位大学Ⅱ	其他各项与Ⅰ类相同，只是每年在三个以上的学科中授予至少10个博士学位，或者每年在一个以上的学科中授予至少20个博士学位

2. 我国学者对研究型大学的分类及特征

我国1952年按照苏联的模式对全国高校进行院系调整后，建立了以专门学院为主体的高等教育体制。1978年改革开放后，大学逐渐向科学研究、综合性方向发展。我国学者针对我国高等教育发展过程中的实际情况，参照美国卡内基教学促进基金会的大学分类提出了我国大学分类的新标准。在新的分类标准中，大学的类型由类和型两部分组成。类反映大学的学科特点，按教育部对学科门的划分和大学各学科门的比例，现有大学分为综合类、文理类、理科类、文科类、理学类、工学类、农学类、医学类、法学类、文学类、管理类、体育类、艺术类等13类。型表现大学的科研规模，按科研规模的大小，现有大学分为研究型、研究教学型、教学研究型、教学型等4型（表7-2）。每个大学的类型由上述类和型两部分组成，类在前型在后[125]。

表7-2 我国大学的分类及特征

类型名称	类型标准	类型细分	标准细分
研究型	将全国所有大学的科研得分降序排列，并从大到小依次相加，至得分累计超过全国大学科研得分的61.8%为止；各个被加大学是研究型大学	研究型Ⅰ	科研得分列全国大学前10名；或者研究生创新环境高于研究型大学平均水平，且每年授予博士学位不少于100人
		研究型Ⅱ	不符合研究型Ⅰ标准的研究型大学
研究教学型	不统计研究型大学，将全国其余大学的科研得分降序排列，并从大到小依次相加，其中研究生各一级学科第一名的大学先行计算，至得分累计超过被统计大学科研得分的61.8%为止；各个被加大学是研究教学型大学	研究教学型Ⅰ	研究生创新环境高于研究教学型大学平均水平，且每年授予硕士学位不少于100人
		研究教学型Ⅱ	不符合研教型Ⅰ标准的研究教学型大学
教学研究型	不统计研究型和研究教学型大学，将全国其余大学的科研得分降序排列，并从大到小依次相加，其中本科各专业第一名、研究生各二级学科第一名、有博士	教学研究型Ⅰ	培养的学士质量高于教学研究型大学的平均质量，且每年授予学士学位不少于1000人

续表

类型名称	类型标准	类型细分	标准细分
	学位授予权的大学先行计算，至得分累计超过被统计大学科研得分的61.8%为止；各个被加大学是教学研究型大学	教学研究型Ⅱ	不符合教学研究型Ⅰ标准的教学研究型大学
教学型	不符合研究型、研究教学型、教学研究型标准的大学	教学Ⅰ型	培养的学士质量高于教学型大学的平均质量，且每年授予的学士学位人数超过每年毕业的专科生人数
		教学Ⅱ型	每年授予的学士学位人数超过每年毕业的专科生人数
		教学Ⅲ型	每年毕业的专科生人数超过每年授予的学士学位人数

二、研究型大学知识系统的目标

研究型大学是大学知识系统中的一类特殊的子系统。它的办学水平和科研实力是一个国家高等教育水平、科学研究水平的重要标志。从ICAS理论的角度看，我们可以认为研究型大学是以创新性的知识生产、传播和应用为中心，以产出高水平的科研成果和培养高层次精英人才为目标的智能型复杂自适应系统。从系统功能的角度看，研究型大学强调知识活动的高深性和创新性，强调通过科学研究在知识生产与创新中贡献成果、培养人才和服务社会。研究型大学以产出高水平的科研成果和培养高层次精英人才为目标，在社会发展、经济建设、科教进步、文化繁荣、国家安全等领域发挥重要作用。它拥有具有国际先进水平的国家知识创新基地、自然科学和高技术综合研究基地、高水平科技人才培养基地，因而不同于普通的大学[126]。随着经济、社会环境的不断变迁，作为智能型复杂自适应系统的研究型大学的目标也在根据外部环境的变化和自身的发展特点，不断进行着调整，研究型大学的功能和目标也是在不断深化和发展的。

三、研究型大学教师知识效能结构特征

大学知识生产、传播和应用过程的目的是实现人类知识的累积、传承和创新。不同类型大学在这几个方面的侧重点是不同的，研究型大学更强调知识活动的创新性，也就是通过科学研究，包括基础研究和应用研究，获得新的基础科学和技术科学知识。教师是构成大学知识系统的智能型主体（agent），由于各自所属的知识系统不同，作为主动适应性的结果，知识效能的结构类型也不尽相同。与普通大学教师不同的是，研究型大学教师更强调知识创新的目标，也就是追求新发现、探索新规律、创立新学说、创造新方法、积累新知识。因此，理论上说，研究型大学教师的知识效能结构类型更多倾向于知识的生产及

应用，单纯的知识传播效能型的大学教师在研究型大学中很少，而更强于知识生产和应用的大学教师在研究型大学中更受人青睐。

第二节 研究型大学教师知识效能评价的目的、原则和程序

一、评价的目的

研究型大学是以知识创新为主要目标的知识系统。知识创新本身的高起点、高要求和高标准的特征决定了知识活动的复杂性和不确定性的特征。研究型大学的目标是一个动态发展变化的过程，大学教师在研究型大学知识系统目标协同作用的指引下，在个人知识发展需求的压力下，其知识效能也是一个不断提高的过程。因此，知识效能评价指标、指标权重、评价标准、评价结果和评价的合理性只具有相对性的意义。所以，研究型大学教师知识效能评价所主要关心的问题不是依据指标和方法给他们划分等级，而是要用这些相对性的结果，发挥评价的预测、导向、激励的功能，促使大学教师改进教与学[127]，进而提高知识活动的效能。

二、评价的原则

1. 发展性原则

发展性原则主要包括两层含义：第一，评价要促进大学教师个人与大学知识系统的共同发展，进一步提高大学知识活动的质量；第二，评价要促进全体大学教师知识效能的发展。它不是面向少数优秀教师或少数不称职教师，不是为了把教师的知识效能划分成若干等级，互相间进行比较，而是希望通过评价使每一位教师找出个人知识发展过程与大学知识系统发展目标之间的差距和不足，进而促进每一位教师知识效能的发展。

2. 科学性原则

科学性原则强调对知识效能的评价要遵循知识劳动的规律。研究型大学教师知识创新的工作内容和过程既富有创造性，又具有周期较长、效果滞后的明显特征，这些因素在评价时均应给予充分考虑。一方面，评价不仅要符合知识活动的基本原理和规律，而且还要符合大学教师的职业特点和心理特点，同时也要符合其所在知识系统的实际情况，能为全体评价者与评价对象所接受；另一方面，对大学教师的知识效能进行评价，还要坚持实事求是的态度，指标和标准从实际出发，防止要求过高或过低，方法和技术手段既要注意科学性，又

要注意可行性。评价要抓住本质的东西进行分析，同时也要注意评价的成本负担，不能给大学管理增加很多额外的工作困难。

3. 全面性原则

全面性原则并不是指评价指标的面面俱到，而是强调在确定和运用大学教师评价标准时不可以偏概全。大学组织目标本身具有自然的模糊性，研究型大学知识系统和大学教师的知识效能都是一个多层次、多因素、多变量的动态系统，同人类活动系统一样具有全息性的结构。评价一方面要抓指标测度范围的全面性。评价指标可以根据研究型大学的性质和办学目标有所侧重，但是知识生产、知识传播和知识应用任何一个方面都不应该偏废。另一方面还要注意评价信息搜集的全面性。作为评价的信息和资料，要尽可能全面、准确、真实，只有这样才能真实准确地反映大学教师知识效能的全貌。

4. 区分性原则

研究型大学也有不同层次和类型的划分，因此评价处于不同研究型大学之中的大学教师的知识效能也应该有所区分。根据大学类与型的组合，现阶段我国至少有 26 种类型的研究型大学，这 26 种类型的研究型大学知识系统目标不同，因此对大学教师的评价也应有所不同。其次，就一所研究型大学而言，在知识效能类型和特点差别的基础之上，还至少存在以下几个方面的差别：一是年龄的差别；二是职称的差别；三是学科、专业的差别；四是工作内容重点的差别；五是工作基础条件的差别。因此，在评价指标的权重和具体的评价标准上就必然要兼顾上述差异。只有这样，才能充分挖掘教师的潜能，发挥教师的特长，更好地促进教师知识效能的发展。

5. 可操作性原则

可操作性就是指评价指标设计要现实、可行。教师评价是大学师资管理中一项实践性极强的工作。要使评价做到既现实、可行又不偏不倚，数据就应该尽可能从现有的资料和文献中获得。具体说来：对于客观指标，一是指标的统计数据获得要相对容易，不能过于复杂和烦琐；二是获得的数据要权威、准确；三是计算方法要力求简单，不能太复杂。对于主观指标，指标的数值的确定要注意赋值过程的匿名性，以保证程序的公正性，同时赋值的专家要具有学科专业的代表性，以保证指标赋值过程的公信力。

6. 反馈性原则

大学教师知识效能评价既是一种总结性评价，又是一种形成性评价。要发挥评价的功能，就必须强调信息反馈的作用。反馈信息至少有两个指向：第一，向作为被评价者的大学教师提供反馈信息，帮助他们了解个人知识效能发展过程中存在的问题，使他们能够及时地总结经验和教训，找出差距和不足，并从中了解他们个人知识发展在整个大学知识系统中的地位和作用，明确日后的努力方向；第二，向评价者提供信息，帮助评价者（大学知识系统的知识管理者）明确大学知识系统的目标，认识大学教师知识活动过程的规律、特点，进而完善大学教师评价的指标、程序和方法，提高大学知识管理的水平。

三、评价的程序

评价结果是否客观准确，除了要求指标与方法体系科学合理之外，还要求评价程序的公开和公正。科学设计的评价程序不仅能够保证评价目的和评价原则在评价过程中的正确贯彻和执行，而且还能够提高评价工作的效率，降低评价的成本。大学教师知识效能评价可按图 7-1 所示的流程进行。

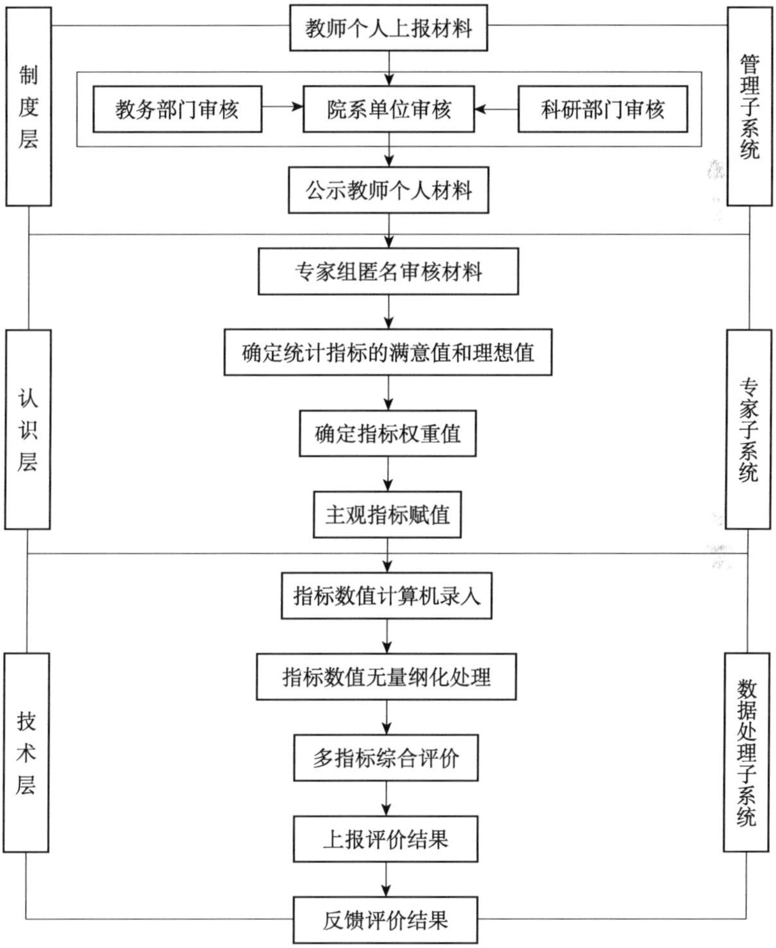

图 7-1　研究型大学教师知识效能评价流程图

从图 7-1 所示的研究型大学教师知识效能评价流程图可以看出，评价的程序涉及了制度层、认识层和技术层三个层面上的管理子系统、专家子系统和数据处理子系统三个子系统的工作，这三个子系统的工作既相互独立，又彼此依赖，科学正确的评价结果需要三个子系统积极的协调与配合。

第三节　研究型大学教师知识效能综合评价案例

随着我国高等教育大众化和国际化进程的加快，研究型大学的发展面临着发展的机遇和未来生存的挑战。案例选择的研究型大学具有悠久的历史传统，是教育部“211”和“985”工程重点支持建设的大学之一。为提高学校的核心竞争力，充分调动广大教师的积极性和工作潜能，2007 年，该校对传统的教师评价制度进行了改革。改革以学校“十一五”发展规划为根据，以优化人才队伍结构、全面提高人才队伍整体素质为目标，落实“按需设岗、公开招聘、平等竞争、择优聘任、严格考核、合约管理、岗变薪变”的岗位设置管理原则，对全校教师进行了评价。评价的过程和结果在全校教职员工中引起了较大的震动。现依据本书所建立的大学教师知识效能评价指标和方法体系，选择部分教师样本进行知识效能评价。

一、研究思路和样本选择

1. 研究思路

为了更好地提高大学教师知识效能评价结果的解释力，在一定程度上实现评价结果的可比较性，本研究从大学教师知识效能评价的基本理论框架出发。首先，以 5 年作为一个学术周期，依据知识效能评价指标体系的要求，搜集指标载体的原始数据，对这些数据进行归纳整理，建立评价指标数据库。其次，依据被评价样本所属的学科知识系统，确定评价专家组成员构成的基本条件，采用结构化访谈结合问卷调查的方式，请专家依据研究型大学教师评价的目的、原则和程序对评价指标的权重、指标的满意值和理想值进行模糊综合评判。在此基础上，使用 yaahp 层次分析法软件集结专家判断，获取评价指标的权重值，使用功效系数法对被评价大学教师进行多指标综合评价。

2. 样本选择

依据研究型大学教师知识效能评价的目的和原则，选择该研究型大学经济管理专业 8 名教授和 8 名副教授作为评价样本。为避免评价结果可能对被试教师带来影响，研究中使用甲、乙、丙（依此类推）代替样本姓名。具体样本结构情况如表 7-3 所示。

表 7-3　样本结构情况表

项目	性别	学位	研究领域	项目	性别	学位	研究领域
教授甲	女	博士	知识管理	副教授甲	男	硕士	信息管理与电子政务
教授乙	男	学士	信息管理与电子政务	副教授乙	女	硕士	会计学
教授丙	男	博士	技术管理	副教授丙	女	硕士	企业管理
教授丁	女	博士	知识计量学	副教授丁	女	博士	电子商务与物流
教授戊	女	博士	知识产权管理	副教授戊	男	博士	技术经济及管理
教授己	男	硕士	项目管理	副教授己	男	硕士	科学计量学
教授庚	女	博士	科技管理	副教授庚	女	博士	产业经济理论与政策
教授辛	男	硕士	物流管理	副教授辛	男	博士	科技创新管理

二、数据的获取和量纲的归一化处理

1. 数据的获取

指标数据来源的可靠性是保障评价结果真实性的前提。为减少收集指标数据的工作量，同时更重要的是为了保证指标数据的权威性，上述样本的指标数据均来源于该校人事处师资管理部门，全部数据经过了所在院系、教务部门和科技部门的审核，并进行了网上公示，符合大学教师知识效能评价的程序要求，可以保证数据来源的可靠性。样本指标数据统计情况如表 7-4～表 7-12 所示。

表 7-4　期刊论文统计情况

项目	期刊论文/篇				他引次数	影响因子	转载次数
	第一作者	第二作者	第三作者	其他作者			
教授甲	5	7	6	—	—	略	—
教授乙	21	3	—	—	14	略	1
教授丙	5	6	5	—	—	略	—
教授丁	5	2	—	—	—	略	—
教授戊	3	2	1	1	43	略	—
教授己	3	3	1	—	—	略	—
教授庚	1	8	1	—	—	略	—
教授辛	13	4	—	—	16	略	—
副教授甲	4	2	—	—	—	略	—
副教授乙	2	8	—	—	1	略	—
副教授丙	3	1	—	—	—	略	—
副教授丁	9	1	—	—	—	略	—
副教授戊	8	2	—	—	—	略	—
副教授己	19	3	—	—	14	略	—
副教授庚	5	6	4	1	5	略	—
副教授辛	38	7	—	—	—	略	—

表 7-5　会议论文统计情况

项目	会议论文/篇				他引次数	转载次数
	第一作者	第二作者	第三作者	其他作者		
教授甲	5	3	—	—	—	—
教授乙	6	2	—	—	—	1
教授丙	5	1	—	—	—	—
教授丁	4	4	—	—	—	—
教授戊	21	4	1	—	—	—
教授己	18	8	2	—	—	—
教授庚	7	3	2	—	—	—
教授辛	5	7	—	—	—	—
副教授甲	4	2	—	—	—	—
副教授乙	4	—	—	—	—	—
副教授丙	4	—	—	—	—	—
副教授丁	4	2	—	—	—	—
副教授戊	1	1	—	—	—	—
副教授己	2	—	—	—	—	—
副教授庚	4	4	—	1	—	—
副教授辛	8	—	—	—	—	—

表 7-6　专著统计情况

项目	专著/部				他引次数	再版次数	书评数
	第一作者	第二作者	第三作者	其他作者			
教授甲	—	—	—	—	—	—	—
教授乙	—	—	—	—	—	—	—
教授丙	—	—	—	—	—	—	—
教授丁	—	—	2	—	—	—	—
教授戊	—	—	—	—	—	—	—
教授己	—	—	—	—	—	—	—
教授庚	—	—	—	—	—	—	—
教授辛	1	—	—	—	—	—	—
副教授甲	—	—	—	—	—	—	—
副教授乙	—	—	—	—	—	—	—
副教授丙	—	—	—	—	—	—	—
副教授丁	—	—	—	1	—	—	—
副教授戊	—	—	—	—	—	—	—
副教授己	—	—	—	—	—	—	—
副教授庚	—	1	—	—	—	—	—
副教授辛	—	—	—	—	—	—	—

表 7-7　译著统计情况

项目	译著/部				他引次数	再版次数	书评数
	第一作者	第二作者	第三作者	其他作者			
教授甲	—	—	—	—	—	—	—
教授乙	—	—	—	—	—	—	—

续表

项目	译著/部				他引次数	再版次数	书评数
	第一作者	第二作者	第三作者	其他作者			
教授丙	—	—	—	—	—	—	—
教授丁	1	1	—	—	—	—	—
教授戊	—	—	—	—	—	—	—
教授己	—	—	—	—	—	—	—
教授庚	—	—	—	—	—	—	—
教授辛	—	—	—	—	—	—	—
副教授甲	—	—	—	—	—	—	—
副教授乙	—	—	—	—	—	—	—
副教授丙	—	—	—	—	—	—	—
副教授丁	—	—	—	—	—	—	—
副教授戊	—	—	—	—	—	—	—
副教授己	—	—	3	—	—	—	—
副教授庚	—	—	—	1	—	—	—
副教授辛	—	—	—	—	—	—	—

表 7-8　教材统计情况

项目	教材/部				他引次数	再版次数	书评数
	第一作者	第二作者	第三作者	其他作者			
教授甲	—	1	—	—	—	—	—
教授乙	—	1	1	—	—	—	—
教授丙	1	—	—	—	—	—	—
教授丁	—	—	—	—	—	—	—
教授戊	1	—	—	1	—	—	—
教授己	—	—	—	—	—	—	—
教授庚	—	—	1	—	—	5	—
教授辛	—	1	—	—	—	—	—
副教授甲	—	—	—	—	—	—	—
副教授乙	—	—	2	1	—	8	—
副教授丙	—	—	—	—	—	—	—
副教授丁	—	—	—	—	—	—	—
副教授戊	—	1	—	—	—	—	—
副教授己	—	1	—	—	—	—	—
副教授庚	—	—	—	1	—	—	—
副教授辛	—	—	—	2	—	—	—

表 7-9　鉴定成果统计情况

项目	鉴定成果/项				引用次数	授权次数
	第一人	第二人	第三人	其他		
教授甲	1	1	—	—	—	—
教授乙	—	—	—	—	—	—
教授丙	1	—	—	—	—	—

续表

项目	鉴定成果/项				引用次数	授权次数
	第一人	第二人	第三人	其他		
教授丁	—	—	—	—	—	—
教授戊	2	—	—	—	—	—
教授己	—	—	—	—	—	—
教授庚	—	—	—	1	—	—
教授辛	1	1	—	—	—	—
副教授甲	—	2	—	—	—	—
副教授乙	—	—	—	1	—	—
副教授丙	—	—	—	—	—	—
副教授丁	—	—	—	—	—	—
副教授戊	—	—	—	1	—	—
副教授己	1	—	1	—	—	—
副教授庚	—	—	—	—	—	—
副教授辛	—	—	—	—	—	—

表 7-10 咨询报告统计情况

项目	咨询报告/项				引用次数	授权次数
	第一人	第二人	第三人	其他		
教授甲	—	1	—	—	—	—
教授乙	4	—	—	2	—	—
教授丙	6	7	—	—	—	—
教授丁	1	—	—	—	—	—
教授戊	2	—	—	—	—	—
教授己	1	1	1	2	—	—
教授庚	1	1	2	2	—	—
教授辛	12	0	1	1	—	—
副教授甲	—	—	—	1	—	—
副教授乙	1	6	2	5	—	—
副教授丙	3	2	1	3	—	—
副教授丁	2	—	1	1	—	—
副教授戊	14	4	2	2	—	—
副教授己	—	4	4	—	—	—
副教授庚	2	1	—	1	—	—
副教授辛	4	—	1	1	—	—

表 7-11 软件或课件统计情况

项目	软件或课件/项				再版次数	授权次数
	第一人	第二人	第三人	其他		
教授甲	—	—	—	—	—	—
教授乙	—	—	—	—	—	—
教授丙	—	—	—	—	—	—
教授丁	—	—	—	—	—	—

续表

项目	软件或课件/项				再版次数	授权次数
	第一人	第二人	第三人	其他		
教授戊	—	—	—	—	—	—
教授己	1	—	—	—	—	—
教授庚	—	—	—	—	—	—
教授辛	—	—	—	—	—	—
副教授甲	5	—	—	—	—	—
副教授乙	—	—	—	—	—	—
副教授丙	—	—	—	—	—	—
副教授丁	—	1	1	—	—	—
副教授戊	—	—	—	—	—	—
副教授己	—	—	—	—	—	—
副教授庚	—	1	—	1	—	—
副教授辛	—	—	1	—	—	—

表 7-12　指导学生和讲授课程的统计情况

项目	指导学生			讲授课程				报告/讲座
	本科生	硕士生	博士生	本科生	硕士生	博士生	培训	
教授甲	—	20	—	228	624	—	—	32
教授乙	21	18	—	784	304	—	—	48
教授丙	—	13	—	328	—	—	1004	3
教授丁	—	8	—	112	96	—	—	12
教授戊	23	19	—	532	160	—	—	—
教授己	—	13	—	320	—	192	326	—
教授庚	41	18	—	645	96	—	767	—
教授辛	—	21	6	152	128	160	502	—
副教授甲	—	8	—	128	216	—	—	—
副教授乙	7	9	—	648	102	—	340	158
副教授丙	25	6	—	992	48	—	—	—
副教授丁	—	13	—	160	128	—	—	4
副教授戊	—	10	—	256	192	—	96	—
副教授己	33	14	—	520	248	—	—	4
副教授庚	—	—	—	304	1024	272	—	4
副教授辛	—	12	—	312	960	—	—	—

2. 量纲的归一化处理

大学教师知识生产、传播和应用效能载体的差异性较大，其量纲也是不统一的。为了使具有不同量纲的统计数值可以实现加总和比较计量，需要对量纲做归一化处理。这一工作采用德尔菲法结合专家模糊综合评判的方法进行，具体做法是，首先，使用内容分析法将大学教师知识效能的载体按照知识活动的类型（生产、传播和应用）进行分类；其次，确定归一化处理的统一量纲，这里我们将知识生产和应用效能载体的量纲归一化为论文，将知识传播效能的载体归一化为课时量；最后，请专家对不同类型的知识效能载体分别进行模糊综合评判折算，样本统计数据折算结果值如表 7-13 所示。

表 7-13　量纲归一化折算系数表

项目	折算为论文（以每 10 万字计）/篇	项目	折算为论文（以每 1 项计）/篇	项目	折算为课时量（以指导 1 人次计）
专著	5.5	咨询报告	2	指导博士生	48
译著	2.75	鉴定研究成果	1.25	指导青年教师	24
编著	2.375	软件开发	1.4375	指导硕士生	32
教材	2.0625	课件开发	1.4375	指导本科生	16

三、指标权重的确定

选取该校该学科领域的知名教授作为评价专家，为保证专家赋值的独立判断过程，调查问卷采用匿名的形式进行。首先，向全部专家表明访谈和调查问卷的目的，请专家在匿名的情况下单独赋值；其次，对第一轮调查结果进行统计分析，将统计结果反馈给 5 位核心专家，请其在此基础上进一步修正上一轮的判断；最后，采用 yaahp 层次分析法软件中的群决策功能集结专家判断。为简化起见，本书省略了权重计算过程中递阶层次模型建立和判断一致性检验的过程，只给出了具体的判断矩阵及计算结果。

1. 知识载体的权重

（1）总体知识效能载体的权重。见表 7-14。

表 7-14　总体知识效能判断矩阵及计算结果

总体知识效能	知识生产效能	知识应用效能	知识传播效能	W_i
知识生产效能	1.0000	1.6161	1.2712	0.4157
知识应用效能	0.6188	1.0000	0.7866	0.2572
知识传播效能	0.7866	1.2712	1.0000	0.3270

注：判断矩阵一致性比例为 0.0000。

（2）知识生产效能载体的权重。见表 7-15。

表 7-15　知识生产效能载体判断矩阵及计算结果

知识生产效能载体	编著	专著	期刊论文	教材	会议论文	译著	W_i
编著	1.0000	0.4148	0.5273	1.2712	0.8521	0.8521	0.1165
专著	2.4109	1.0000	1.0000	3.0649	2.0544	2.2255	0.2735
期刊论文	1.8965	1.0000	1.0000	3.0649	2.0544	2.2255	0.2628
教材	0.7866	0.3263	0.3263	1.0000	0.6703	0.7261	0.0893
会议论文	1.1735	0.4868	0.4868	1.4918	1.0000	1.1735	0.1349
译著	1.1735	0.4493	0.4493	1.3771	0.8521	1.0000	0.1229

注：判断矩阵一致性比例为 0.0015。

（3）知识应用效能载体的权重。见表 7-16。

表 7-16　知识应用效能载体判断矩阵及计算结果

知识应用效能载体	外观设计专利	咨询研究报告	实用新型专利	软件/课件	鉴定研究成果	发明发现专利	期刊论文	会议论文	W_i
外观设计专利	1.0000	0.8521	0.9231	1.1275	0.9231	0.7261	0.7866	1.3771	0.1147
咨询研究报告	1.1735	1.0000	1.0000	1.2214	1.0833	0.6188	0.9231	1.6161	0.1267
实用新型专利	1.0833	1.0000	1.0000	1.2712	1.0833	0.5712	0.8869	1.4918	0.1230
软件/课件	0.8869	0.8187	0.7866	1.0000	0.8521	0.4868	0.7261	1.2712	0.1002
鉴定研究成果	1.0833	0.9231	0.9231	1.1735	1.0000	0.5712	0.8521	1.4918	0.1176
发明发现专利	1.3771	1.6161	1.7507	2.0544	1.7507	1.0000	1.4918	2.6117	0.1997
期刊论文	1.2712	1.0833	1.1275	1.3771	1.1735	0.6703	1.0000	1.7507	0.1386
会议论文	0.7261	0.6188	0.6703	0.7866	0.6703	0.3829	0.5712	1.0000	0.0796

注：判断矩阵一致性比例为 0.0011。

（4）知识传播效能载体的权重。见表 7-17。

表 7-17　知识传播效能载体判断矩阵及计算结果

知识传播效能载体	指导学生	讲授课程	报告/讲座	W_i
指导学生	1.0000	0.7866	0.9231	0.2981
讲授课程	1.2712	1.0000	1.1735	0.3790
报告/讲座	1.0833	0.8521	1.0000	0.3229

注：判断矩阵一致性比例为 0.0000。

（5）指导学生类型载体的权重。见表 7-18。

表 7-18　指导学生类型载体判断矩阵及计算结果

指导学生类型	博士生	青年教师	硕士生	本科生	W_i
博士生	1.0000	1.7507	1.6161	2.4109	0.3839
青年教师	0.5712	1.0000	0.9231	1.3771	0.2193
硕士生	0.6188	1.0833	1.0000	1.4918	0.2376
本科生	0.4148	0.7261	0.6703	1.0000	0.1592

注：判断矩阵一致性比例为 0.0000。

（6）讲授课程类型载体的权重。见表 7-19。

表 7-19　讲授课程类型载体判断矩阵及计算结果

讲授课程类型	硕士生课程	本科生课程	社会培训课程	博士生课程	W_i
硕士生课程	1.0000	1.0000	2.2255	0.8521	0.2760
本科生课程	1.0000	1.0000	2.2255	0.8521	0.2760
社会培训课程	0.4493	0.4493	1.0000	0.3829	0.1240
博士生课程	1.1735	1.1735	2.6117	1.0000	0.3239

注：判断矩阵一致性比例为 0.0000。

2. 知识载体质量指标的权重

（1）知识生产效能质量指标的权重。

①论文他引转载指标的权重。见表 7-20～表 7-22。

表 7-20　论文质量评价指标判断矩阵及计算结果

论文	被他引次数	权威文摘转载	期刊影响因子	W_i
被他引次数	1.0000	1.0833	1.0000	0.3421
权威文摘转载	0.9231	1.0000	0.9231	0.3158
期刊影响因子	1.0000	1.0833	1.0000	0.3421

注：判断矩阵一致性比例为 0.0000。

表 7-21　被他引次数指标判断矩阵及计算结果

被他引次数	1～20 次	21～50 次	51～100 次	100 次以上	W_i
1～20 次	1.0000	0.8521	0.7558	0.7261	0.2055
21～50 次	1.1735	1.0000	1.0000	1.0000	0.2587
51～100 次	1.3231	1.0000	1.0000	1.0000	0.2666
100 次以上	1.3771	1.0000	1.0000	1.0000	0.2692

注：判断矩阵一致性比例为 0.0010。

表 7-22　权威文摘转载指标判断矩阵及计算结果

权威文摘转载	转载 1 次	转载 2 次	转载 3 次	转载 4 次	转载 5 次及以上	W_i
转载 1 次	1.0000	0.7558	0.5273	0.4317	0.3535	0.1069
转载 2 次	1.3231	1.0000	0.7261	0.5488	0.4868	0.1425
转载 3 次	1.8965	1.3771	1.0000	0.7866	0.6703	0.1995
转载 4 次	2.3164	1.8221	1.2712	1.0000	0.8521	0.2536
转载 5 次及以上	2.8292	2.0544	1.4918	1.1735	1.0000	0.2976

注：判断矩阵一致性比例为 0.0001。

②著作他引、再版和书评指标的权重。见表 7-23～表 7-26。

表 7-23　著作质量评价指标判断矩阵及计算结果

著作质量	被他引次数	再版次数	书评数	W_i
被他引次数	1.0000	1.1735	1.7507	0.4127
再版次数	0.8521	1.0000	1.4918	0.3516
书评数	0.5712	0.6703	1.0000	0.2357

注：判断矩阵一致性比例为 0.0000。

表 7-24　被他引次数指标判断矩阵及计算结果

被他引次数	1～20 次	21～50 次	51～100 次	100 次以上	W_i
1～20 次	1.0000	0.8521	0.7558	0.7261	0.2055
21～50 次	1.1735	1.0000	1.0000	1.0000	0.2587
51～100 次	1.3231	1.0000	1.0000	1.0000	0.2666
100 次以上	1.3771	1.0000	1.0000	1.0000	0.2692

注：判断矩阵一致性比例为 0.0000。

表 7-25　再版次数指标判断矩阵及计算结果

再版次数	再版 1 次	再版 2 次	再版 3 次	再版 4 次	再版 5 次以上	W_i
再版 1 次	1.0000	0.7261	0.5273	0.4148	0.3263	0.1029
再版 2 次	1.3771	1.0000	0.7261	0.5712	0.4493	0.1417
再版 3 次	1.8965	1.3771	1.0000	0.8187	0.6703	0.1999
再版 4 次	2.4109	1.7507	1.2214	1.0000	0.8521	0.2501
再版 5 次以上	3.0649	2.2255	1.4918	1.1735	1.0000	0.3054

注：判断矩阵一致性比例为 0.0003。

表 7-26　书评数指标判断矩阵及计算结果

书评数	1 篇	2～3 篇	4～5 篇	5 篇以上	W_i
1 篇	1.0000	0.8521	0.5945	0.4148	0.1605
2～3 篇	1.1735	1.0000	0.6188	0.5488	0.1884
4～5 篇	1.6820	1.6161	1.0000	0.7866	0.2867
5 篇以上	2.4109	1.8221	1.2712	1.0000	0.3644

注：判断矩阵一致性比例为 0.0013。

（2）知识应用效能质量指标的权重。见表 7-27 和表 7-28。

表 7-27　知识应用效能质量指标判断矩阵及计算结果

知识应用	论文被他引次数	专利授权次数	专利文献被他引次数	W_i
论文被他引次数	1.0000	0.8521	0.8521	0.2988
专利授权次数	1.1735	1.0000	1.0000	0.3506
专利文献被他引次数	1.1735	1.0000	1.0000	0.3506

注：判断矩阵一致性比例为 0.0000。

表 7-28　专利授权次数指标判断矩阵及计算结果

专利授权次数	授权 1 次	授权 2 次	授权 3 次	授权 4 次	授权 5 次及以上	W_i
授权 1 次	1.0000	0.7261	0.5273	0.4148	0.3263	0.1029
授权 2 次	1.3771	1.0000	0.7261	0.5712	0.4493	0.1417
授权 3 次	1.8965	1.3771	1.0000	0.8187	0.6703	0.1999
授权 4 次	2.4109	1.7507	1.2214	1.0000	0.8521	0.2501
授权 5 次及以上	3.0649	2.2255	1.4918	1.1735	1.0000	0.3054

注：判断矩阵一致性比例为 0.0003。

（3）知识传播效能质量指标的权重。见表 7-29。

表 7-29　知识传播效能质量指标判断矩阵及计算结果

知识传播	教学方法论知识	教学理论与技术知识	教学经验知识	学科基础知识	学科前沿知识	W_i
教学方法论知识	1.0000	0.6188	0.4868	0.9231	0.8521	0.1445
教学理论与技术知识	1.6161	1.0000	0.7866	1.4918	1.2712	0.2298
教学经验知识	2.0544	1.2712	1.0000	1.8965	1.7507	0.2969
学科基础知识	1.0833	0.6703	0.5273	1.0000	0.9231	0.1565
学科前沿知识	1.1735	0.7866	0.5712	1.0833	1.0000	0.1723

注：判断矩阵一致性比例为 0.0002。

（4）作者排序知识贡献量权重。见表7-30～表7-32。

表7-30　两作者权重判断矩阵及计算结果

作者权重	第一作者	第二作者	W_i
第一作者	1.0000	1.6161	0.6177
第二作者	0.6188	1.0000	0.3823

注：判断矩阵一致性比例为0.0000。

表7-31　三作者权重判断矩阵及计算结果

作者权重	第一作者	第二作者	第三作者	W_i
第一作者	1.0000	1.6161	2.2255	0.4835
第二作者	0.6188	1.0000	1.3771	0.2992
第三作者	0.4493	0.7261	1.0000	0.2173

注：判断矩阵一致性比例为0.0000。

表7-32　多作者排序判断矩阵及计算结果

多作者权重	第一作者	第二作者	第三作者	其他作者	W_i
第一作者	1.0000	1.6161	2.2255	3.3201	0.4232
第二作者	0.6188	1.0000	1.3771	1.8965	0.2567
第三作者	0.4493	0.7261	1.0000	1.4918	0.1901
其他作者	0.3012	0.5273	0.6703	1.0000	0.1300

注：判断矩阵一致性比例为0.0003。

3. 知识效能影响因素的权重

（1）知识生产效能影响因素的权重。见表7-33。

表7-33　知识生产效能影响因素判断矩阵及计算结果

知识生产	研究专注程度	研究的难度	研究的起点	专业知识水平	研究基础条件	W_i
研究专注程度	1.0000	1.4918	1.4918	0.8521	1.2712	0.2329
研究的难度	0.6703	1.0000	1.0000	0.5712	0.8521	0.1561
研究的起点	0.6703	1.0000	1.0000	0.6188	0.8521	0.1587
专业知识水平	1.1735	1.7507	1.6161	1.0000	1.4918	0.2690
研究基础条件	0.7866	1.1735	1.1735	0.6703	1.0000	0.1832

注：判断矩阵一致性比例为0.0002。

（2）知识应用效能影响因素的权重。见表7-34。

表7-34　知识应用效能影响因素判断矩阵及计算结果

知识应用	研究的先进性	研究的基础条件	技术市场状况	社会需求程度	W_i
研究的先进性	1.0000	0.4493	0.3012	0.2019	0.0879
研究的基础条件	2.2255	1.0000	0.6703	0.4493	0.1956
技术市场状况	3.3201	1.4918	1.0000	1.0000	0.3225
社会需求程度	4.9530	2.2255	1.0000	1.0000	0.3939

注：判断矩阵一致性比例为0.0075。

(3) 知识传播效能影响因素的权重。见表 7-35。

表 7-35 知识传播影响因素判断矩阵及计算结果

知识传播	教学投入的精力	学生的学习态度	课程的性质	课程的特点	教学的基础条件	W_i
教学投入的精力	1.0000	3.3201	1.4918	2.2255	1.0000	0.2923
学生的学习态度	0.3012	1.0000	0.4493	0.6703	0.3012	0.0880
课程的性质	0.6703	2.2255	1.0000	1.4918	0.6703	0.1960
课程的特点	0.4493	1.4918	0.6703	1.0000	0.4493	0.1314
教学的基础条件	1.0000	3.3201	1.4918	2.2255	1.0000	0.2923

注：判断矩阵一致性比例为 0.0000。

四、综合评价的过程和结果

1. 知识生产效能的计算过程和结果

知识生产效能的载体主要是论文和著作，设 $f_1(x)$ 为论文载体的知识效能，$f_2(x)$ 为著作载体的知识效能，具体的计算方法如式 (7-1) 所示。

$$f_1(x)=\sum_{i=1}^{n}ahX_i(1+c_t+c_f+r_p);f_2(x)=\sum_{j=1}^{n}ahX_j(1+c_t+r_p+b_r) \tag{7-1}$$

其中，a 为作者排序权重值；h 为载体权重值；c_t 为他引次数权重值；c_f 为影响因子值；r_p 为转载/再版次数权重值；b_r 为书评次数权重值；X_i 为论文数；X_j 为著作数。

具体的计算结果如表 7-36 所示。

表 7-36 知识生产效能指标加权统计表

项目	期刊论文	会议论文	专著	译著	教材	加权总计
教授甲	6.350 407	4.317 3	0	0	5.1	18.474 43
教授乙	16.054 45	5.040 9	0	0	5.27	31.735 09
教授丙	6.131 178	3.253 5	0	0	4.4	16.227 77
教授丁	5.691 728	5.529 2	18.166 28	6.6	0	44.008 5
教授戊	4.157 88	13.500 6	0	0	7.6	28.851 08
教授己	3.496 53	11.26	0	0	0	17.194 39
教授庚	3.996 243	5.927 3	0	0	4.2	16.348 41
教授辛	12.228 59	3.853 1	6.6	0	4.9	33.557 82
副教授甲	2.598 591	2.337	0	0	0	5.933 762
副教授乙	4.679 351	3.100 9	0	0	12.5	23.044 55
副教授丙	1.967	3.101 2	0	0	0	6.003 479
副教授丁	5.053 3	2.689 4	3.146	0	0	13.439 94
副教授戊	6.080 209	2	0	0	2.8	12.997 93
副教授己	15.473 276	1.617 7	0	26.543 06	5.2	56.845 14
副教授庚	7.937 025	3.912 7	5.677 155	0.536 25	5.1	27.850 84
副教授辛	39.321 45	5.970 2	0	0	10.9	68.304 08

注：数值为折算为论文后的加权计算值。

2. 知识应用效能的计算过程和结果

设知识应用效能为 $f_3(x)$，x 为知识应用效能的载体，主要是鉴定成果、咨询报告和软件/课件等，计算方法如式（7-2）所示。

$$f_3(x)=\sum_{i=1}^{n} ahX_i(1+p_t+p_f) \tag{7-2}$$

其中，a 为作者排序权重值；h 为载体权重值；p_t 为文献被他引次数权重值；p_f 为授权次数权重值；X_i 为鉴定成果、咨询报告和软件课件数。

具体的计算结果如表 7-37 所示。

表 7-37　知识应用效能指标加权统计表

项目	鉴定成果	咨询报告	软件/课件	加权总计
教授甲	0.766 625	0.513 4	0	1.435 228
教授乙	0	3.027 2	0	3.410 746
教授丙	0.529	10.886 8	0	12.857 37
教授丁	0	2	0	2.253 4
教授戊	2.5	2.846 4	0	6.001 039
教授己	0	2.565 6	0.608 35	3.559 968
教授庚	0.162 5	3.153 6	0	3.734 771
教授辛	0.849 875	14.802	0	17.627 23
副教授甲	0.641 75	0.26	4.044 263	5.459 66
副教授乙	0.162 5	8.347 8	0	9.587 076
副教授丙	0	5.747	0	6.475 145
副教授丁	0	2.127 4	0.742 469	3.213 806
副教授戊	0.162 5	23.764 4	0	26.956 96
副教授己	1.487 625	3.661 2	0	5.787 644
副教授庚	0	3.144 8	0.736 431	4.353 468
副教授辛	0	8.462	0.273 269	9.834 786

注：数值为折算为论文后的加权计算值。

3. 知识传播效能的计算过程和结果

知识传播效能评价指标是定性的主观指标，这里我们采用灰色评价法对其进行定量化处理。具体的操作步骤如下：首先，向专家匿名提供能够反映样本知识传播效能的各种背景材料，如学历、工作年限、教学获奖等，尽可能为其提供较为全面的数据资料；其次，要求专家进行模糊综合评判，为每一指标打分；最后，建立灰类和白化权函数，计算专家打分的灰色评价值。样本得分情况和加权灰色评价值如表 7-38 和表 7-39 所示。

表 7-38　知识传播效能系数表

项目	教学方法论知识	教育理论与技术知识	教学经验知识	学科基础知识	学科前沿知识	加权灰色评价值	评价系数
教授甲	18.92	18.72	14.49	21	15.198	18.153 03	0.726 121
教授乙	20.64	21.6	20	18.72	21.6	20.163 97	0.806 559

续表

项目	教学方法论知识	教育理论与技术知识	教学经验知识	学科基础知识	学科前沿知识	加权灰色评价值	评价系数
教授丙	19.32	20.64	18.92	20	14.49	18.921 86	0.756 874
教授丁	18.72	19.32	20.64	14.477	20	18.077 08	0.723 083
教授戊	18.72	14.477	19.32	20.64	18.92	19.051 71	0.762 068
教授己	17.76	18.72	18.72	18.92	21	18.797 44	0.751 898
教授庚	16.8	14.49	15.198	14.49	19.32	15.938 64	0.637 546
教授辛	21.6	16.8	17.76	19.32	18.72	19.380 08	0.775 203
副教授甲	15.3	19.32	16.8	17.76	18.72	17.116 21	0.684 648
副教授乙	19.32	20	21.6	15.3	17.76	18.446 69	0.737 868
副教授丙	14.477	15.3	18.72	19.32	16.8	17.101 9	0.684 076
副教授丁	16	18.92	19.32	21.6	20.64	19.154 26	0.766 17
副教授戊	15.198	15.198	14.477	16.8	15.3	15.538 35	0.621 534
副教授己	21	21	16	15.198	19.32	18.103 32	0.724 133
副教授庚	14.49	16	15.3	16	14.477	15.221 3	0.608 852
副教授辛	20	17.76	21	18.72	16	19.099 14	0.763 965

表 7-39 知识传播效能指标的加权计算值

项目	指导学生			讲授课程				报告/讲座	加权总计
	本科生	硕士生	博士生	本科生	硕士生	博士生	培训		
教授甲	0	640	0	228	624	0	0	32	1 106.608
教授乙	336	576	0	784	304	0	0	48	1 651.833
教授丙	0	416	0	328	0	0	1004	3	1 325.286
教授丁	0	256	0	112	96	0	0	12	344.187 5
教授戊	368	608	0	532	160	0	0	0	1 271.129
教授己	0	416	0	320	0	192	326	0	942.880 1
教授庚	656	576	0	645	96	0	767	0	1 746.876
教授辛	0	672	288	152	128	160	502	0	1 474.436
副教授甲	0	256	0	128	216	0	0	0	410.788 8
副教授乙	112	288	0	648	102	0	340	158	1 216.006
副教授丙	400	192	0	992	48	0	0	0	1 116.412
副教授丁	0	416	0	160	128	0	0	4	542.448 4
副教授戊	0	320	0	256	192	0	96	0	537.005 4
副教授己	528	448	0	520	248	0	0	4	1 265.784
副教授庚	0	0	0	304	1 024	272	0	4	976.598 6
副教授辛	0	384	0	312	960	0	0	0	1 265.126

注：数值为折算为学时后的加权计算值。

4. 综合评价的过程和结果

大学教师知识效能指标综合评价采用功效系数法进行。功效系数法首先要确定各项指标的满意值和理想值，这里我们采用专家问卷调查的统计值作为被评价样本教师知识生产、应用和传播效能的满意值和理想值。传统的大学教师评价只将大学教师知识活动划分为科研和教学两部分，并未进行知识生产、应用和传播的划分。为便于与传统大学教师评价结果之间的比较，这里将大学教师的知识生产和应用效能统一加总为科研，将知识传播效能统一为教学进行考查。调查是在专家独立判断和匿名填写的情况下进行的，经过对统计结果进行信度和效度检验后，获得了教授年均科研效能（折算为论文篇数）的满意值为 2，理想值为 5；年均教学效能（折算为授课学时）的满意值为 64，理想值为 320。副教授年均科研效能的满意值为 1，理想值为 5；年均教学效能的满意值为 96，理想值为 320。

功效系数的计算公式如式（7-3）所示。

$$d_i=\frac{x_i-x_{si}}{x_{hi}-x_{si}}\times 40+60 \tag{7-3}$$

其中，x_i 为实际值；x_{si}为满意值；x_{hi}为理想值。

具体的计算公式简化如下：

教授的科研功效系数 $d_i=\frac{8(x_i-10)}{3}+60$

教学功效系数 $d_j=\frac{x_j-320}{32}+60$

副教授的功效系数 $d_i=2x_i+50$

教学功效系数 $d_j=\frac{x_j-480}{28}+60$

计算结果如表 7-40 和表 7-41 所示。

表 7-40　样本教授功效系数计算结果表

项目	知识生产效能	知识应用效能	功效系数（科研）	知识传播效能	功效系数（教学）	加权综合系数
教授甲	18.474 43	1.435 228	86.425 75	1 106.608	84.581 5	85.814 04
教授乙	31.735 09	3.410 746	127.055 6	1 651.833	101.619 8	118.725 4
教授丙	16.227 77	12.857 37	110.893 7	1 325.286	91.415 19	104.513 1
教授丁	44.008 5	2.253 4	156.698 4	344.187 5	60.755 86	125.309 5
教授戊	28.851 08	6.001 039	126.272 3	1 271.129	89.722 78	114.308
教授己	17.194 39	3.559 968	88.678 29	942.880 1	79.465	85.656 68
教授庚	16.348 41	3.734 771	86.888 48	1 746.876	104.589 9	92.668 16
教授辛	33.557 82	17.627 23	169.826 8	1 474.436	96.076 13	145.693 3

表 7-41　样本副教授功效系数计算结果表

项目	知识生产效能	知识应用效能	功效系数（科研）	知识传播效能	功效系数（教学）	加权综合系数
副教授甲	5.933 762	5.459 66	72.786 84	410.788 8	57.528 17	67.789 98
副教授乙	23.044 55	9.587 076	115.263 3	1 216.006	86.285 93	105.776 2
副教授丙	6.003 479	6.475 145	74.957 25	1 116.412	82.729	77.491 12

续表

项目	知识生产效能	知识应用效能	功效系数（科研）	知识传播效能	功效系数（教学）	加权综合系数
副教授丁	13.439 94	3.213 806	83.307 49	542.448 4	62.230 3	76.406 92
副教授戊	12.997 93	26.956 96	129.909 8	537.005 4	62.035 91	107.702
副教授己	56.845 14	5.787 644	175.265 6	1 265.784	88.063 71	146.733 1
副教授庚	27.850 84	4.353 468	114.408 6	976.598 6	77.735 66	102.405 1
副教授辛	68.304 08	9.834 786	206.277 7	1 265.126	88.040 21	167.593 4

五、评价结果的分析

通过上述计算的过程，我们实现了对大学教师知识效能的多指标综合评价。下面对综合评价的结果进行简要的分析。

首先，从科研功效系数值（图 7-2）来看，教授甲、教授己、教授庚、副教授甲、副教授丙和副教授丁的科研功效系数为 $60<d<100$，处于合理的变化区间；教授乙、教授丙、教授丁、教授戊、教授辛、副教授乙、副教授戊、副教授己、副教授庚和副教授辛的科研功效系数为 $d>100$，其中教授辛和副教授辛更是达到了惊人的 169.8268 和 206.2777。如果排除学术不端因素的影响，说明该校大学教师所承担的科研压力较大，智力疲劳问题应该引起足够的重视。

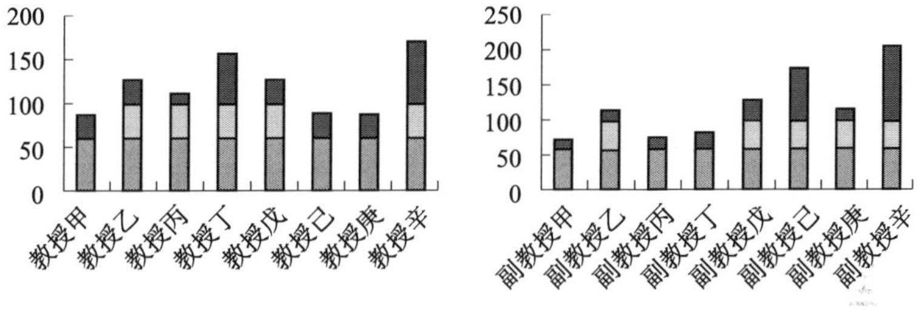

(a) 样本教授科研功效系数值图　　(b) 样本副教授科研功效系数值图

■ 功效值　□ 理想值　■ 满意值

图 7-2　样本科研功效系数值图

其次，从教学功效系数值（图 7-3）来看，副教授甲的功效系数值为 $d<60$，属于不合格；教授丙、教授丁、教授戊、教授己、教授辛、副教授乙、副教授丙、副教授丁、副教授戊、副教授己、副教授庚和副教授辛的功效系数值为 $60<d<100$，处于合理的变化区间；只有教授乙和教授庚的功效系数稍微超过了 100。因此，从总体上说，这些大学教师的教学压力不大。

最后，从总功效系数值（图 7-4）来看，样本大学教师的总体功效值较高，只有教授甲、教授己、教授庚、副教授甲、副教授丙和副教授丁 6 个样本教师

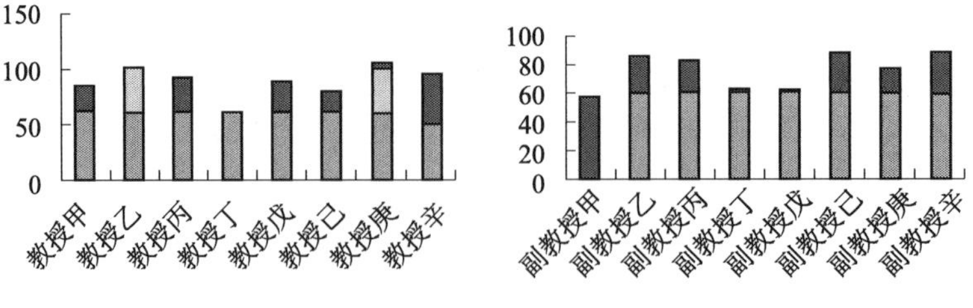

(a) 样本教授教学功效系数值图　　(b) 样本副教授教学功效系数值图

图 7-3　样本教学功效系数值图

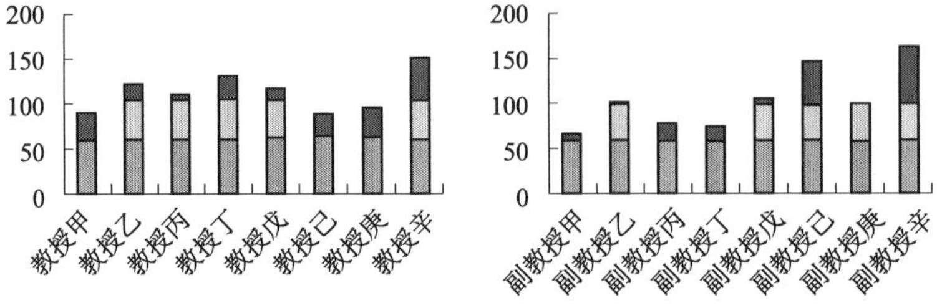

(a) 样本教授总功效系数值图　　(b) 样本副教授总功效系数值图

图 7-4　样本总功效系值图

的功效系数值处于正常的变化区间（$60<d<100$），剩余的 10 个样本教师的功效系数值 d 均大于 100。这也说明，该校大学教师所承受的工作压力普遍偏高。

第四节　应用研究结果的讨论

对大学教师进行知识效能评价一件十分复杂的工作。评价过程和评价结果除了受评价体系设计的优劣、评价指标数据统计等因素的影响之外，还受知识系统的学术文化和评价周期的影响。

首先，评价结果会明显地受到大学学术文化的影响。例如，上面评价过程中，知识专家对不同评价指标权重的赋值上，学科差异的影响是巨大的。虽然所选择的评价样本属于同一大学知识系统和同一学科知识系统，但同一研究方向上的不同研究领域，知识活动的规律也是有差异的，这一点在专家赋值的指标权重上反映较为明显。

其次，评价结果还会受到评价周期的影响。一方面是知识系统的目标处于不断发展之中，不同时期知识系统目标的微妙的变化，反映在大学教师知识效能评价指标的权重上，就会使大学教师知识效能评价的结果发生一些差异；另一方面，大学教师个体的知识活动也是有周期性的，在不同知识活动周期对同一样本教师知识效能进行评价，结果同样也会具有差异性。

从上述大学教师知识效能评价的结果看，不同教师知识效能的差异性是比较显著的，虽然评价过程中充分考虑了大学教师知识效能量、质和度之间的关系，评价结果具有较强的解释力，但是在评价过程中，知识效能的一些隐性指标目前还无法通过有效的显性载体加以显现，所以，在某种程度上评价结果并没有完全体现大学教师知识效能的全部情况。不过，这些评价结果已经明显揭示出许多依靠传统的评价方法无法发现的问题，而且对大学教师知识活动效能得出了可以明确加以比较的量化结果，这就充分体现了大学教师知识活动效能评价的现实意义和价值。

第八章　结论与展望

现在这并没有结束，它甚至不是结束的开始，但它也许是开始的结束。

——温斯顿·丘吉尔

在完成了对大学教师知识效能评价的实证检验之后，现在需要对第三章提出的，并在第四章到第六章进行具体制度建构的知识效能评价模式、指标体系和方法加以概况和总结了。在这一点上，首先必须阐明的是一个在本书中没有做具体说明的问题：本书在第二章概述了三种不同的评价理论（实证主义、建构主义和后现代主义），而本书提出的知识效能评价范式，以及在此基础上所构建的知识效能评价制度，隶属于哪一种评价观？

按照本书在绪论中摆明的核心论点，以及在第三章到第七章所做的理论建构和实证检验，现在可以对这个具有先验性质的问题给出一个基本肯定的回答了。诚如前述，本书的基本出发点和视角是制度主义（institutionalism）的。制度主义的观点并不仅局限在制度对人（思想、意识和行为）的抑制和使能作用，作为一种中观理论，它还包含着一个折中化的社会科学研究假设：与其探讨终极意义上的“结构—能动”性，不如探讨现实中人与具体环境之间的关系。按照制度主义者的一般观点，人的行为源于对外部环境的模仿与学习，在强大的制度面前，适应性是能动性得以发挥的前提。本书所做的研究正是在这一逻辑前提之下展开的，如果一定要对本书的评价观做出一个说明，那么这个评价观就是：对既存的、相互冲突的评价观的现实整合。说明了这个基本问题，就可以得出本书的主要结论以及局限和不足了。

一、主要的结论

本书从比较分析大学教师评价的两种范式（基于产出导向和基于行为导向）入手，分析了两种评价范式在评价实践中的两难困境，在概述研究的三个理论视角（规范性、描述性和引导性），教师评价的一般理论、模式、制度、体系，以及大学教师评价基本理论问题的基础上，将制度分析和组织分析融合为知识系统分析的方法，提出了知识效能评价范式，并在此基础上构建了包括评价模式、指标体系和评价方法的大学教师知识效能评价制度。

具体说来，本书运用复杂性科学研究中的智能型复杂自适应系统理论，分析了大学教师个体知识活动（微观层面）与大学组织知识活动（宏观层面）之间的关系，提出了大学教师知识效能评价范式，建立了基于整合观的大学教师知识效能框架，探讨了大学教师知识效能评价维与评价源的组合问题。在指标体系构建一般理论的基础上，运用理论研究和实证研究相结合的方法，分析了大学教师知识效能评价指标与传统大学教师评价指标及大学评价指标之间的关系，构建了大学教师知识效能评价指标体系和影响因素体系。在综合集成方法论的指导下，综合分析了知识管理、科学计量学中的评价方法，建立了知识效能多指标综合评价方法体系。选择研究型大学教师作为评价对象，从量、质、度三个层面，实现了对大学教师知识效能的多指标综合评价。研究的结论主要表现在如下三个方面。

（1）知识效能评价模式符合大学组织知识活动目标的要求和大学教师个体知识活动的特点和规律。大学在本质上是关于知识的制度性安排，实现大学知识系统目的的主体是大学教师。传统的大学教师评价模式徘徊在基于产出导向和基于行为导向两种评价范式的困境之中。本书提出的知识效能评价范式，立足于大学教师个体知识活动与大学组织知识活动之间的关联性，阐明了知识效能评价范式的整合机制。在此基础上建立的大学教师知识效能评价模式、指标和方法体系，既符合大学组织知识活动目标的要求，也符合大学教师个体知识活动的特点和规律。

（2）不同的评价体系具有不同的测度内容和适用范围，大学教师知识效能评价适用多指标与多方法综合集成的评价体系。大学教师知识活动的复杂性决定了知识效能载体的多样性。对大学教师知识效能评价指标和方法体系的研究发现，不同的知识效能评价指标和方法具有不同的测度内容和适用范围。指标超出测度内容的边界就会降低指标的解释力；方法脱离了适用范围就会造成评价结果的偏差。本书运用理论分析结合实证研究的方法，考查了不同评价指标的测度内容和不同评价方法适用的范围，建立了大学教师知识效能评价的多指标和多方法综合集成的评价体系。应用研究的结果显示，这一指标和方法体系能够在量、质、度三个层面上较好地实现对大学教师知识效能的评价。

（3）不同性质知识系统的大学教师具有不同的知识效能结构，同一知识系统内部的大学教师的知识效能结构特征也不相同。本书在智能型复杂自适应系统理论的基础上，运用知识系统工程的方法分析大学知识系统，提出了大学教师个体知识活动的“适应—选择”模型，并在这一模型的基础上，提出了分属不同知识系统（组织）主体的大学教师具有不同知识效能结构的理论假设。应用研究的结果证实了这一理论假设，不仅不同性质知识系统大学教师的知识效能结构不同，而且，处于同一知识系统内部的大学教师，知识效能结构特征的差异性也较为明显。

二、局限和不足

大学教师评价研究是一个复杂的系统工程，本书所做的研究主要是一种理论结合实际的初步探索，研究取得了有益的结论。不过，面对大学教师评价这一复杂问题，本书的研究作为一种引导性的评价框架，无论是研究的深度，还是研究的广度都还远远不够。局限和不足之处有很多，这里仅指出如下四个方面。

（1）大学教师实践知识（隐性知识）在大学知识系统中发挥着极其重要的作用。对于这部分知识效能，由于目前理论界尚未开发出简单实用的评价框架，本书中的评价指标和方法体系主要是依靠显性知识载体建立起来的，因此对大学教师隐性知识的测度和评价还做不到客观精确。

（2）随着社会的不断发展，特别是电子信息技术的不断进步，新的知识载体不断涌现，如以博客、电子邮件等为载体而进行的知识活动，在大学教师知识活动中使用得日益广泛。本研究中的知识载体以传统类型为主，对于以新形式知识载体而进行的知识活动，目前的指标和方法体系还无法实现对其有效的测度和评价。

（3）知识效能影响因素与知识效能评价指标之间的关系问题。本书通过理论分析和实证研究相结合的方法，建立了大学教师知识效能评价指标和影响因素体系，但评价指标和影响因素之间的关系问题尚未能够建立起结构化的联系框架。解决这一问题有助于我们加深对大学教师知识活动过程的认识，今后应对这一研究领域的问题进行更多的探讨。

（4）知识效能评价制度与学术自由制度的关系问题。大学教师知识效能评价制度构建的理念源于大学教师对其所属知识活动系统环境适应性的解释。本书所做的研究更多地集中于变化性的一面，而对于大学知识活动系统的稳定性，尤其是为维持这一稳定性所构建的保障制度关注不够，如为保障学术自由而设立的大学终身教制度等。毫无疑问，大学教师的学术工作需要稳定的制度机制加以保障。当今时代，任何反对学术自由的异议，估计都不会得到任何正面的响应。因此，知识效能评价制度如何与学术自由制度之间相互融合，也是今后尚需进一步深入研究的问题。

三、未来的展望

完成了上述工作，是时候对大学教师评价研究的未来做一展望了。依据本书环境决定制度的核心观点，对大学教师评价未来的展望，也是从分析大学所面对的环境开始的。

综观21世纪世界经济、政治、科技风起云涌的变化，对大学生存环境影响最大的，当属以互联网为代表的信息和通信技术（information and communication technology，ICT）的发展。ICT给高等教育所带来的变化是革命性的，例如，今天，世界任何一个角落里的大学生，只要拥有一部接通互联网的电脑，任何时间都可以通过大型开放式网络课程（massive open online courses，MOCC）平台聆听哈佛大学、耶鲁大学、斯坦福大学、麻省理工学院的大牌教授的在线课程。这一技术上的变化，使得大学的组织结构正在发生着悄然的变化，大学不必拥有固定的教室、课堂、校园，甚至不必拥有大量的教师就可以完成知识传播的职能了，虚拟网上大学、免费在线课程的不断兴起，正在不断地冲击着“传统”大学的组织结构。

大学组织结构的变化，必然促使大学教师知识效能的结构也要发生适应性的调整。有了MOCC，大学还需要它的教授们将大量的精力投入到教学之中吗？今后，我们还需要如今天数量一样多的教学型大学吗？如果答案是否定的，那么教授们的主要精力应该放在什么领域呢？不管对这些问题做什么样的回答，ICT在未来10～20年的时间里，必将对当前大学比较稳定的规模、层次和科类结构带来颠覆性的冲击，这其中，大学也必然通过战略、政策的调整，进而影响大学教师改变知识效能结构以应对这种变化，这种趋势俨然已经成为一种不可逆转的潮流。

如果说ICT对大学结构变化所带来的是渐进性质的影响，那么，在评价技术上所带来的则是突变性质的革命。在对知识传播的评价上，数据存储技术使知识传播过程的细节也可以得到很好的记录，文本挖掘技术使处理这些海量数据和信息的工作不再成本巨大和效率低下。通过网络平台，学生几乎可以实时地对教师知识传播的效果做出反馈，同时，利用数据库、搜索引擎技术，十几年甚至几十年之后，追踪一个教师知识传播工作的效果业已成为可能。在知识生产和知识应用（科研）的评价上，20世纪50年代初，对于加菲尔德创建的引文索引数据库，人们对其附加学术评价功能的使用一直是比较谨慎的。加菲尔德本人也一直申明，仅用引文分析作为评价指标必须慎之又慎，引文统计适用于不同层次的学术评价，在个体层次上评价研究工作的绩效，必须了解引文统计的微妙性和局限性，盲目地做出被引频次最多的著者就该获得诺贝尔奖的结论是荒谬的[128]。然而，进入 21 世纪以来，汤森路透从 2002 年开始发布诺贝尔奖预测，到 2013 年已成功预测了 35 位诺贝尔奖得主。正如其知识产权与科技中国区总裁郭利所表示的那样："预测的力量来自于引文分析，因为论文之间的引用是基于每个科研人员的学术判断，因而引文数据库就蕴藏了全球科学家的群体判断，并反映出科研活动的延续性和知识的传承。"

当前，虽然依赖 ICT 所开发的各种评价工具和方法还不十分完善，但其给人们评价观带来的影响却是革命性的，评价部门、科技和教育管理部门及大学更愿意忽略评价的社会、政治、价值取向这些基本特征，而更多地把评价当成是一个依赖数据挖掘、大数据分析的纯粹的科学过程。与学术界对这种认识的谨慎态度相比，上述部门则更加具有实际应用的冒险精神。那么，这种趋势是未来大学教师评价制度发展的必然潮流吗？

当前，给这一问题做一个想当然的回答还为时尚早。制度虽然嵌入环境之中，而且为环境所渗透和建构，但是人在环境面前并不是完全被动的。正如斯科特（R. W. Scott）和拜克曼（E. V. Backman）所认为的那样，大学教师是制度的能动者，他们的主要武器就是思想。他们通过界定实在而实施控制——通过设计本体论框架，提出区分、创造原型，并为行动制定原则和方针。毋庸赘言，现实世界是人的世界，任何事物——主张、秩序、人工器物、产品——在时空中的扩散，都必须通过人的手；而所有人都可能以不同的方式行事，或放弃其所选择的、或对其进行修正、或使其发生偏转、或背离之、或增补之、或窃用之[129]。据此，对大学教师评价的研究和争论可能永远不会是一个终结，也不应该是一个终结。

参考文献

［1］Doost R K. Intrinsic value of higher education［J］. Managerial Auditing Journal，1999，14（6）：269-273.

［2］Hayek F A. The Use of Knowledge in Society［J］. The American Economic Review，1945，35（4）：519-530.

［3］瞿葆奎．教育评价（教育教学论文集）［M］．北京：人民教育出版社，1998：32.

［4］赵瑛．传统教师评价与发展性教师评价的比较研究［J］．辽宁教育研究，2001，（10）：16-18.

［5］刘志耀．教师评价范式：认识论与方法论的审视与思考［J］．中国石油大学胜利学院学报，2007，（4）：70-73.

［6］Borgatti S P，Foster P C. The network paradigm in organizational research：A review and typology［J］. Journal of Management，2003，29（6）：991-1013.

［7］Wei H Q，Frinke D，Carter O，et al. Cost-benefit analysis for network intrusion detection systems［A］. CSI 28th Annual Computer Security Conference［C］. Washington，D. C，2001：768.

［8］彼得·德鲁克．管理的实践［M］．齐若兰译．北京：机械工业出版社，2006：78.

［9］Ivancevich J M. Human Resource Management［M］. Beijing：China Machine Press，2004：34.

［10］王光彦，李元元，邱学青，等．高校教师绩效评价指标体系的实证研究与思考［J］．中国高教研究，2008，（2）：46-49.

［11］Kaplan R S，Norton D P. Balanced Scorecard：Translating Strategy into Action［M]. Boston：Harvard Business School Press，1992：57.

［12］谢曼华．“以人为本”的管理理念与学校行政工作［J］．中山大学学报（社会科学版），2000，（3）：9.

［13］Tschannen-Moran M，Woofolk A E. Teacher-efficacy：Its meaning and measure［J]. Review of Educational Research，1998，（2）：202-248.

［14］Garvin D A. What does “product quality” really mean?［J］. Sloan Management Review，1984，26（1）：25.

［15］田恩舜．从一元控制到多元治理：世界高等教育质量保证发展趋势探析［J］．学位与研究生教育，2006，（12）：52-57.

［16］骆汉城．中国诚信报告［M］．南京：江苏文艺出版社，2004：55.

［17］杨玉圣．学术腐败为何猖獗 北大博导剽窃事件三点反思［EB/OL］．［2002-01-23］．

［18］李柯勇，刘丹．高校评价体系不能“一刀切”［DB/OL］．http：//www. edu. cn/20050406/3133320. shtml［2005-04-06］.

［19］尹平，陶芳芳，郑延芳．高校教师压力状况及其影响因素分析［J］．中国医院统计，2005，(6)：303.

［20］李志仁．慎用学术评价的量化考评［J］．计算机教育，2005，(12)：34-35.

［21］刘明．现行学术评价定量化取向的九大弊端［J］．自然辩证法通讯，2003，(1)：90-93.

［22］刘鸿．论大学学术评价过于量化的负面及其控制［J］．当代教育论坛，2004，(9)：107-109.

［23］唐纳德·肯尼迪．学术责任［M］．阎凤桥，田玲，李文利，等译．北京：新华出版社，2002：231.

［24］Altbach P G. The Decline of the Guru：The Academic Profession in Developing and Middle Income Countries［M］. New York：Palgrave/MacMillan，2003：23.

［25］Stiggings R J. The Case for Commitment to Teacher Growth［M］. New York：State University of New York Press，1998：196.

［26］哈耶克．法律、立法与自由［M］．邓正来，张守东，李静冰，等译．北京：中国大百科全书出版社，2002：576.

［27］洛林·安德森．布卢姆教育目标分类学［M］．北京：外语教学与研究出版社，2009：67.

［28］瞿葆奎．教育评价（教育教学论文集）［M］．北京：人民教育出版社，1998：263.

［29］Schwab J J. The concept of the structure of a discipline［J］. The Educational Record，1962，43（8）：197-205.

［30］张其志．教育评价的科学观及其方法论的演变［J］．中国高等教育评估，2006，(2)：27-31.

［31］埃贡·古贝，伊冯娜·林肯．第四代评估［M］．秦霖，蒋燕玲，杨爱华，等译．北京：中国人民大学出版社，2008：87.

［32］贝斯特，凯尔纳．后现代理论——批判性的质疑［M］．张志斌译．北京：中央编译出版社，2006：93.

［33］许建钺，赵世诚，杜智敏，等．教育测量与评价［M］．北京：教育科学出版社，1999：213.

［34］杰克·奈特．制度与社会冲突［M］．周伟林译．上海：上海人民出版社，2009：43.

［35］王斌华．发展性教师评价制度研究［M］．上海：华东师范大学出版社，1998：117.

［36］刘尧．发展性教师评价的理论与模式［J］．教育理论与实践，2001，(12)：28-32.

［37］House E R. New Directions in Educational Evaluation［M］. London：The Falmer Press 1986：224.

［38］Cutler T，Waine B. Mutual benefits or managerial control? The role of appraisal in performance related pay for teachers [J] . British Journal of Educational Studies, 2000, 48 (2): 170-182.

[39] 田爱丽．美国基于教师行为表现的发展性评价制度 [J] ．外国教育研究，2003，(4)：15-18.

[40] 唐安国，刘卓，谢爱磊，等．英国 PRP 教师评价制度对教师专业发展的影响分析 [J]. 全球教育展望，2005，(10)：76-80.

[41] Seldin P. Changing Practices in Faculty Evaluation [M] . San Francisco: Jossey-Bass, 1984: 13.

[42] Miller D T, Olsen M D. Setting standards for faculty evaluation [J] . The Cornell Hotel and Restaurant Administration Quarterly, 1988, 29 (2): 46-47.

[43] 理查德·斯科特．组织理论：理性、自然和开放系统 [M] ．黄洋，李霞，申薇，等译．北京：华夏出版社，2002：224-367.

[44] 塔尔科特·帕森斯．现代社会的结构与过程 [M] ．梁向阳译．北京：光明日报出版社，1988：75.

[45] Suchman M C. Managing legitimacy: Strategic and institutional approaches [J] . Academy of Management Review, 1995, 20 (3): 571-610.

[46] 王茂福．组织分类研究：韦伯与帕森斯之比较 [J] ．社会科学研究，1997，(1)：95-100.

[47] 亚伯拉罕·弗莱克斯纳．现代大学论——英美德大学研究 [M] ．徐辉，陈晓菲译．杭州：浙江教育出版社，2001：19-21.

[48] 亨利·埃兹科维茨，劳埃·雷德斯多夫．大学与全球知识经济 [M] ．夏道源，胡元梓，刘钢，等译．南昌：江西教育出版社，1999：12.

[49] 赫胥黎．科学与教育 [M] ．单中惠译．北京：人民教育出版社，1990：133.

[50] 眭依凡．大学使命：大学的定位理念及实践意义 [J] ．教育发展研究，2000，(9)：18-22.

[51] Baumol W J. Macroeconomics of unbalanced growth: The anatomy of urban crisis [J] . American Economic Review, 1967, 57 (3): 415-426.

[52] Holland J. Hidden Order: How Adaptation Builds Complexity [M] . Boston: Addision-Wesley Publishing Company, Inc. , 1995: 125.

[53] Kauffman S. The Origins of Order: Self-organization and Selection in Evolution [M]. Oxford: Oxford University Press, 1993: 265.

[54] Holland J H. Emergence from Chaos to Order [M] . Redwood City: Addison-Wesley, 1998: 158.

[55] 约翰·卡斯提．剑桥五重奏 [M] ．李金梅译．台北：商周出版社，2005：34.

[56] Auyong S Y. Foundation of complex-system Theories [M] . Cambridge: Cambridge University Press, 1999: 21.

[57] Bennet A，Bennet D. Characterization the next generation knowledge organization [J]. Knowledge and Innovation：Journal of the KMCI，2000，(1)：8-42.

[58] 米歇尔·D. 迈克马斯特．智能优势：组织的复杂性 [M]．王浣尘译．成都：四川人民出版社，2000：47.

[59] 王众托．知识系统工程 [M]．北京：科学出版社，2004：6-8.

[60] 王玉海，喻国华．论复杂性研究 [J]．系统科学学报，2002，(2)：20.

[61] 周应中．复杂性与教育研究 [J]．内蒙古师范大学学报（教育科学版），2006，(7)：24.

[62] 克拉克·克尔．大学的功用 [M]．陈学飞，陈恢钦，周京，等译．南昌：江西教育出版社，1993：24.

[63] 伯顿·克拉克．高等教育新论——多学科的视角 [M]．王承绪，徐辉，郑继伟，等译。杭州：浙江教育出版社，1998：287.

[64] Polanyi M. The Study of Man [M] . London：Routledge & Kegan Paul，1957：245.

[65] 苏新宁，任皓，吴春玉，等．组织的知识管理 [M]．北京：国防工业出版社，2004：56.

[66] Wijetunge P. Adoption of knowledge management by the Sri Lankan University librarians in the light of the national policy on university education [J] . International Journal of Educational Development，2002，22 (1)：90.

[67] Nonaka I，Takeuchi H，Umemoto K. Theory of organizational knowledge creation [J]. Special Publication on Unlearning and Learning，1996，11 (8)：833-845.

[68] 许国志．系统科学 [M]．上海：上海科技教育出版社，2000：100.

[69] Davenport T，Prusak L. Working Knowledge [M] . Boston：Harvard Business School Press，1998：246.

[70] Barth S. Defining Knowledge Management [DB/OL] . http：//www. kmmag. com/ [2000-07-04] .

[71] 弗里德里希·李斯特．政治经济学的国民体系 [M]．陈万煦译．北京：商务印书馆，1961：356.

[72] 约翰·穆勒．政治经济学原理及其在社会哲学上的若干应用 [M]．胡企林，朱泱译．北京：商务印书馆，1991：157.

[73] 段刚．人力资本理论研究综述 [J]．中国人才，2003，(5)：26-29.

[74] Steward T. Intellectual Capital [M] . New York：Doubleday/Currency，1997：25.

[75] 朱勇，徐广军．现代增长理论与政策选择 [M]．北京：中国经济出版社，2000：168.

[76] 朱勇．新增长理论 [M]．北京：商务印书馆，1999：168.

[77] Verloop N，van Driel J，Meijer P. Teacher knowledge and the knowledge base of teaching [J] . International Journal of Educational Research，2001，(35)：441-461.

[78] 徐碧美．追求卓越 [M]．北京：人民教育出版社，2003：57-88.

[79] 范良火．教师教学知识发展研究［M］．上海：华东师范大学出版社，2003：15-16.

[80] 佐藤学．课程与教师［M］．钟启泉译．北京：教育科学出版社，2003：388.

[81] 洪明．“反思实践”思想及其在教师教育中的争议——来自舍恩、叔尔曼和范斯特马切尔的争论［J］．比较教育研究，2004，(10)：1-5.

[82] Elbaz F. Teacher Thinking：A Study of Practical Knowledge［M］. London：Croom Helm，1983：297.

[83] 徐碧美．追求卓越［M］．北京：人民教育出版社，2003：71.

[84] 丁丽云，田宝宏．略论教师实践性知识提出的理论背景［N］．光明日报，2006-10-02（第8版）.

[85] 盛桂华．浅谈教育与经济的关系［J］．山东教育科研，1998，(6)：8.

[86] 约翰·S. 布鲁贝克．高等教育哲学［M］．王承绪，郑继伟，张伟平，等译．杭州：浙江教育出版社，1987：2-94.

[87] 王晓阳．大学社会功能比较研究［M］．北京：高等教育出版社，2003：58.

[88] 欧内斯特·博耶．学术水平反思——教授工作的领域［A］//国家教育发展研究中心．发达国家教育改革的动向和趋势（第五集）［C］．北京：人民教育出版社，1994：13.

[89] 列宁．论尤尼乌斯小册子·列宁选集［M］．2版．北京：人民出版社，1979：96.

[90] 列宁．列宁选集［M］．北京：人民出版社出版，1960：257.

[91] 谷兴荣．科学技术发展的数学原理［M］．长沙：中南大学出版社，2000：62-207.

[92] 胡宇辰，叶清，庄凯．组织行为学［M］．北京：经济管理出版社，2002：121.

[93] 许庆瑞，王勇，陈劲．绩效评价源与多源评价［J］．科研管理，2002，(3)：84-89.

[94] Abrams P A. The predictive peer review of grant proposals：The case of ecology & the U. S. National Science Foundation［J］. Social Studies of Science，1991，21 (1)：111-132.

[95] 约翰·森特拉．大学教师工作评估［M］．高远译．北京：北京航空航天大学出版社，1992：54.

[96] 菲利浦·阿特巴赫．比较高等教育：知识、大学与发展［M］．人民教育出版社教育室译．北京：人民教育出版社，2001：7.

[97] D. 普赖斯．小科学 大科学［M］．宋剑耕，戴振飞译．北京：世界知识出版社，1982：145.

[98] 李湖生．浅谈知识量及其测定［J］．情报科学，1995，(2)：3-5.

[99] 保尔·拉法格．回忆马克思恩格斯［M］．马集译．北京：人民出版社，1973：7.

[100] 王平，宋子良．同行评议制的固有缺点与局限性［J］．科技管理研究，1994，(9)：22.

[101] Cole S，Rubin L，Cole J R. Peer review and the support of science［J］. Scientific American，1977，237 (4)：34-41.

[102] 陈进寿．从人际关系谈同行评议制的改进［J］．中国科学基金，2002，(3)：182-184.

［103］龚旭．同行评议公正性的影响因素分析［J］．科学学研究，2004，(6)：613-618.

［104］Merton R K，Storer N W. The Sociology of Science：Theoretical and Empirical Investigations［C］．Chicago：University of Chicago Press，1973：443.

［105］苏年青，王平，宋子良．同行评议中的越轨及控制［J］．科学学研究，1993，(3)：58-64.

［106］Cole S，Cole C. Peer Review in the National Science Foundation-Phase One［M］．Washington：National Academy Press，1981：45.

［107］Chen Y，Hoshower L B. Student evaluation of teaching effectiveness：An assessment of student perception and motivation［J］．Assessment & Evaluation in Higher Education，2003，(1)：71-88.

［108］Kulik J A. Student ratings：Validity，utility，and controversy［A］//Theall M，Abrami P C，Mets L A. New Directions for Institutional Research，2001 (109)：9-25.

［109］蔡敏．美国教育评价的伦理规范建设及其启示［J］．外国教育研究，2005，(6)：18-21.

［110］饶燕婷．美国大学学生评教的影响因素研究述评［J］．比较教育研究，2009，(8)：36-40.

［111］埃利泽·盖斯勒．科学技术测度体系［M］．周萍，黄军英译．北京：科学技术文献出版社，2004：123-264.

［112］汪振兵．对学生评教的思考［J］．中国高等教育评估，1999，(1)：56-58.

［113］陈玉琨．教育评价学［M］．北京：人民教育出版社，2006：34.

［114］许国志．系统科学［M］．上海：上海科技教育出版社，2000：34-304.

［115］肖广岭．隐性知识、隐性认识和科学研究［J］．自然辩证法研究，1999，(8)：18-32.

［116］谷兴荣．科学技术发展的数学原理［M］．长沙：中南大学出版社，2000：377.

［117］刘清华．教师知识研究的问题与建构路向［J］．教育理论与实践，2005，(11)：45-48.

［118］亚伯拉罕·弗莱克斯纳．现代大学论［M］．徐辉，陈晓菲译．杭州：浙江教育出版社，2001：78.

［119］杨文士．管理学原理．2版．［M］．北京：中国人民大学出版社，2004：314.

［120］钱学森等．论系统工程（增订本）［M］．长沙：湖南科学技术出版社，1988：310-521.

［121］谷兴荣，刘慧君．论科学研究效率的三大递变规律［J］．株洲工学院学报，2005，(3)：13-16.

［122］Egghe L. An improvement of the h-index：The g-index［J］．Quarterly E-zine of International Society for Scientometrics and Informetrics，2006，(1)：8-9.

［123］黄晓斌．对网络环境下引文分析评价法的再认识［J］．评价与管理，2004，

(4)：25-29.

［124］宋懿琛．对大学分类的思考——以美国卡内基高等教育机构分类为例［J］．辽宁教育研究，2007，(12)：87-90.

［125］武书连．再探大学分类［J］．中国高等教育评估，2002，(4)：51-56.

［126］霍天强．中国高等学校现实分类及学校定位研究［J］．内蒙古工业大学学报(社会科学版)，2009，(2)：78-82.

［127］布卢姆．教育评价［M］．邱渊，王刚译．上海：华东师范大学出版社，1987：356.

［128］杨思洛．引文分析存在的问题及其原因探究［J］．中国图书馆学报，2011，(3)：108-117.

［129］理查德·斯科特．制度与组织——思想观念与物质利益［M］．姚伟，王黎芳译. 北京：中国人民大学出版社，2010：142.

后　　记

本书的写作是在作者博士论文的基础上完成的。2008 年 12 月，作者在大连理工大学科学学与科学技术管理专业博士毕业，时值我国高校以聘任制为核心的人事制度改革正进入深化的阶段，大学教师评价逐渐成为高校管理部门和广大教师普遍关注的热点。导师王前教授鼓励作者沿着博士论文的理论思路进一步深入研究，早日出版大学教师评价研究的专著，以对学术界广为争议的大学教师评价问题有所参考和借鉴。

此后，虽然一直忙于工作和家庭中的各种琐事，但一直时时不忘导师的殷切期望和作为一名高等教育研究者的学术责任，经常思考如何把定制化的博士学位论文更好地转化为一本表达个人学术思想的专著。随着思考的不断深入，愈发感觉到大学教师评价研究的难度和深度，每一个看似简单、细小的问题，其背后都暗含着复杂、深奥和不确定的理论前提。由此，书稿完成的日期也是一拖再拖。时光荏苒，如今，7 个年头已过，今天呈现在读者面前的这本书，与作者的博士论文相比，篇章结构和逻辑体系都做了较大的调整和修改，文字表述也做了一定的修缮和丰富。尽管如此，书中仍然还有很多地方存在着瑕疵，敬请广大读者批评和指正。

上述工作的完成必须要感谢以下老师和朋友的帮助。首先，感谢作者的导师王前教授，书中的许多观点是作者在和他讨论之后得到的启发和灵感；其次，感谢大连理工大学公共管理学院的西宝教授，他在英国访学期间，对本书的内容、结构和篇章布局提出了宝贵的意见；最后，还要感谢大连理工大学公共管理学院的李鹏副教授和马永驰副教授，在本书的写作过程之中，他们几乎随时都为作者提供重要的参考意见。此外，还要感谢科学出版社科学人文分社的朱萍萍等编辑，他们本着认真负责、精益求精的态度，对本书的顺利出版提供了很大的帮助。